문학과지성 시인선 345

당신의 첫

김혜순 시집

문학과지성사

문학과지성사에서 펴낸 김혜순의 시집

또 다른 별에서(1981)
아버지가 세운 허수아비(1985; 개정판 1994)
우리들의 음화(1990; 개정판 1995)
나의 우파니샤드, 서울(1994)
불쌍한 사랑 기계(1997)
달력 공장 공장장님 보세요(2000)
한 잔의 붉은 거울(2004)
슬픔치약 거울크림(2011)
피어라 돼지(2016)
어느 별의 지옥(2017, 문학과지성 시인선 R)
날개 환상통(2019)
지구가 죽으면 달은 누굴 돌지?(2022)

문학과지성 시인선 345
당신의 첫

초판　1쇄 발행　2008년 3월 28일
초판 13쇄 발행　2022년 9월 29일

지　은　이　김혜순
펴　낸　이　이광호
펴　낸　곳　㈜문학과지성사
등록번호　제1993-000098호
주　　　소　04034 서울 마포구 잔다리로7길 18(서교동 377-20)
전　　　화　02)338-7224
팩　　　스　02)323-4180(편집)　02)338-7221(영업)
전자우편　moonji@moonji.com
홈페이지　www.moonji.com

ⓒ 김혜순, 2008. Printed in Seoul, Korea

ISBN 978-89-320-1849-2 03810

이 책의 판권은 지은이와 ㈜문학과지성사에 있습니다.
양측의 서면 동의 없는 무단 전재 및 복제를 금합니다.

문학과지성 시인선 345
당신의 첫

김혜순

2008

시인의 말

몸 안팎에 떠도는 음악을
글자들로 바꾸는 일은 늘 구차했지만
부재의 떠도는 이미지 대륙을
두드리는 일은 늘 무모했지만

이번 시집에선 랩 음악이거나 음정 음악이거나
낮은 톤의 플로우 창법으로 부르면 어떨까 생각했다.
언제나 그랬듯이 가락 불문 마구 뒤섞어버렸다.

몸 안팎의 노래에 한 세상 사로잡혀 살다가
그 나라로 가버린 사람들에게 이 시집을 바치겠다고 하면
받을라나?

시마에 머리채가 걸려서
터널인지 갯벌인지
여기까지 왔다.

채석강에 가서 검은 뻘 같은
내 속을 생각했다.

시궁창이여!
시의 궁창이여! 만만세여! 방치된 터널이여!

2008년 봄
김혜순

당신의 첫

차례

시인의 말

지평선　7
모래 여자　9
불가살　11
서울, 코라　14
붉은 가위 여자　16
별을 굽다　19
양파　21
풍경의 눈빛　23
첫　25
봉숭아　28
lady phantom　30
수미산 아래　32
메아리나라　34
비단길　36
미쳐서 썩지 않아　39
전세계의 쓰레기여 단결하라　41
딸기　44
성탄절 아침의 트럼펫　46
칼과 칼　49

웅웅 52
혼령혼례 55
감기 57
마음 59
트레인스포팅 61
꽃잎이 피고 질 때면 64
당신 눈동자 속의 물 66
산들 감옥이 산들 부네 69
은밀한 익사체 72
인어는 왜 다 여자일까 75
엄마는 왜 짤까? 78
Delicatessen 80
회오리를 삼키다 83
하늘강아지 86
나이 든 여자 88
쌍비읍 징그러워 90
따귀새 93
당신의 눈물 96
노래주스 97
눈물농사 99
붉은 노을 102
lady cine 106
히말라야 가라사대 109
연금술 111
고양이 112
누란 114

에미애비 117
장마 120
모두 밥 122
가슴을 에는 손길처럼 124
바다 젤리 126
비명생명 128
신데렐라 131
환한 방들 135
달 137
핑크박스 139
돌이 '하다' 142
뱃속의 어항은 정말 처치 곤란이야 145
세상의 모든 이야기 148
목구멍이 촛대가 되었네요 150
화장실 152

해설 | 나, 그녀, 당신, 그리고 첫·이광호 154

지평선

누가 쪼개놓았나
저 지평선
하늘과 땅이 갈라진 흔적
그 사이로 핏물이 번져 나오는 저녁

누가 쪼개놓았나
윗눈꺼풀과 아랫눈꺼풀 사이
바깥의 광활과 안의 광활로 내 몸이 갈라진 흔적
그 사이에서 눈물이 솟구치는 저녁

상처만이 상처와 서로 스밀 수 있는가
두 눈을 뜨자 닥쳐오는 저 노을
상처와 상처가 맞닿아
하염없이 붉은 물이 흐르고
당신이란 이름의 비상구도 깜깜하게 닫히네

누가 쪼개놓았나
흰낮과 검은밤

낮이면 그녀는 매가 되고
밤이 오면 그가 늑대가 되는
그 사이로 칼날처럼 스쳐 지나는
우리 만남의 저녁

모래 여자

모래 속에서 여자를 들어 올렸다
여자는 머리털 하나 상한 데가 없이 깨끗했다

여자는 그가 떠난 후 자지도 먹지도 않았다고 전해졌다
여자는 눈을 감고 있었지만
숨을 쉬지도 않았지만
죽지는 않았다

사람들이 와서 여자를 데려갔다
옷을 벗기고 소금물에 담그고 가랑이를 벌리고
머리털을 자르고 가슴을 열었다고 했다

그가 전장에서 죽고
나라마저 멀리멀리 떠나버렸다고 했건만
여자는 목숨을 삼킨 채
세상에다 제 숨을 풀어놓진 않았다
몸속으로 칼날이 들락거려도 감은 눈 뜨지 않았다

사람들은 여자를 다시 꿰매 유리관 속에 뉘었다
　기다리는 그는 오지 않고 사방에서 손가락들이 몰려왔다

　모래 속에 숨은 여자를 끌어 올려
　종이 위에 부려놓은 두 손을 날마다
　물끄러미 내려다보았다
　낙타를 타고 이곳을 떠나 멀리 도망가고 싶었다

　꿈마다 여자가 따라와서
　감은 눈 번쩍 떴다
　여자의 눈꺼풀 속이 사막의 밤하늘보다 깊고 넓었다

불가살

내 불가살*은 저 태평양에 두고
내 뻐꾹새는 저 티베트에 두고
내 나무늘보는 저 아마존 밀림에 두고
밥하고 강의하고 이렇게 늙어간다

내 손가락은 저 툰드라 침엽수에 묶어 두고
내 눈동자는 저 북극 눈 더미 속에 파묻어 두고
내 가슴은 저 태평양 심해 속에 녹거라 두고
나 이렇게 밥 먹고 잠자고 술 마시고 심지어 웃기까지 한다

그리하여 슬픔은 수미산에서 불어온다
일 년내 녹지 않는 얼음장 밑에서 차디찬 눈물이 온다
그리하여 열병은 사하라에서 온다
혀에서 바늘들이 돋아나와 입술을 닫을 수 없는
선인장들이 우거져 있는 머나먼 그곳
벌린 입속이 용암처럼 뜨겁다

그러니 자꾸 찾아오지 마라 내 불가살아 발광 불가살아
　너는 밥풀떼기로 만들어졌다고 했지
　집채만큼 산봉우리만큼 커진다고 했지
　밤이면 너 그리워 지린 눈물
　침대 밑이 시궁창이 되었다 해도 거슬러 오지 마라
　이 시궁창은 네가 살 곳이 아니다
　네가 자꾸 찾아오면 나는 머리에 별을 꽂고
　내 몸속에서 세상의 모든 밤이 터질 거다

　태풍이 지나간 맑은 아침처럼 아무렇지도 않은 새날이 오고
　죽은 시궁쥐 한 켤레 두 발에 꿰어 거리에 서면
　천지 사방에서 불어오는 내 나비들 내 몸은 왜 이리 작은데
　내 팔은 내 머리는 내 다리는 내 사지는 왜 이리 멀까

나는 세상의 모든 바람에게 쫓겨 이 몸속에 난파당했나 보다
 천지 사방 내 팔다리가 멀어져간다 정신이 아득해진다

 나에겐 늘 산소가 모자라 저 툰드라를 걸어가는 내 발자국
 나는 시간을 너무 잘 지키는 게 병이다 그러나
 지금은 시간에 맞게 나가야지

 누군가 나를 한참 들여다보다가 저 멀리로 날아가 버린다
 내 발이 시야에 들어오지 않는다

 내 두 발이 점점 멀어져 저 먼 산으로
 늑대처럼 가버린다

 * 不可殺, 松南雜識

서울, 코라

山이 컹컹 짖다가
山이 나를 따라온다

山이 새끼를 낳는다
山이 山을 핥는다
山이 새끼들에게 젖을 물린다
山이 매정하게 새끼들을 다 버린다
어린 山들이 백주 대낮에 교미한다, 악취가 난다
山이 미로 속의 개떼처럼 몰려다닌다

山이 젖은 눈으로 나를 쳐다본다
목덜미를 쓰다듬자 몸을 부르르 떤다
목덜미에 줄이 묶인 山이 끌려간다
山이 철창 속에 갇힌다. 맞는다. 걷어채인다. 죽는다

山이 똥을 먹는다, 시신을 먹는다
山이, 욕창 가득한 山이 눈에 불을 켜고 달겨든다

山이, 머리에 흰 눈을 얹은 산이 운다
　나무 한 그루 없는 山이 하늘을 향해 고개를 젖히고 목놓아 운다
　山이 山을 물어뜯고 싸운다
　山이, 큰 山이 제 꼬리를 물고 빙빙 돈다

　몰려다니는 山을 제국의 군대가 박멸한다
　살아남은 山이, 山이, 山이 山을 넘어 달아난다
　아직도 달아난다

　山이, 山을 벗어버리고 싶은 山이, 두 손을 모으고, 모은 두 손을 저 먼 山을 향해 뻗치더니 이마에 대고, 가슴으로 끌어내리고, 다시 한 번 저 먼 山을 바라보고 팔꿈치를 옆구리에 붙인 다음, 오른쪽 무릎을 꿇고, 양손을 땅바닥에 대더니, 왼쪽 무릎을 마저 꿇고, 모은 두 손을 땅바닥에 붙여 힘껏 멀리 밀어 보낸 다음, 온몸을 땅에 밀착시킨다. 그리고 운다. 이것을 세 걸음에 한 번씩 계속 반복하면서, 山이 山을 돈다.

붉은 가위 여자

저만치 산부인과에서 걸어나오는 저 여자
옆에는 늙은 여자가 새 아기를 안고 있네

저 여자 두 다리는 마치 가위 같아
눈길을 쓱 쓱 자르며 잘도 걸어가네

그러나 뚱뚱한 먹구름처럼 물컹거리는 가윗날
어젯밤 저 여자 두 가윗날을 쳐들고
소리치며 무엇을 오렸을까
비린내 나는 노을이 쏟아져 내리는 두 다리 사이에서

눈 폭풍 다녀간 아침 자꾸만 찢어지는 하늘
뒤뚱뒤뚱 걸어가는 저 여자를 따라가는
눈이 시리도록 밝은 섬광
눈부신 천국의 뚜껑이 열렸다 닫히네

하나님은 얼마나 무서웠을까

하나님이 키운 그 나무 그 열매 다 따 먹은
저 어지기 두 다리 사이에서
붉은 몸뚱이 하나씩
잘라내게 되었을 때

아침마다 벌어지는 저 하늘 저 상처
저 구름의 뚱뚱한 붉은 두 다리 사이에서
빨간 머리 하나가 오려지고 있을 때

(저 피가 내 안에 사는지)
(내가 저 피 속에 사는지)

저만치 앞서 걸어가는 저 여자
뜨거운 몸으로 서늘한 그림자 찢으며
걸어가는 저 여자

저 여자의 몸속 눈창고처럼 하얀 거울 속에는
끈적끈적하고 느리게 찰싹거리는 붉은 피의 파도

물고기를 가득 담은 아침바다처럼
새 아가들 가득 헤엄치네

별을 굽다

사당역 4호선에서 2호선으로 갈아타려고
에스컬레이디에 실려 올라가서
뒤돌아보다 마주친 저 수많은 얼굴들
모두 붉은 흙 가면 같다
얼마나 많은 불가마들이 저 얼굴들을 구워냈을까

무표정한 저 얼굴 속 어디에
아침마다 두 눈을 번쩍 뜨게 하는 힘 숨어 있었을까
밖에서는 기척도 들리지 않을 이 깊은 땅속을
밀물져 가게 하는 힘 숨어 있었을까

하늘 한구석 별자리마다 쪼그리고 앉아
별들을 가마에서 구워내는 분 계시겠지만
그분이 점지하는 운명의 별빛 지상에 내리겠지만
물이 쏟아진 듯 몰려가는
땅속은 너무나 깊어
그 별빛 여기까지 닿기나 할는지

수많은 저 사람들 몸속마다에는
밖에선 볼 수 없는 뜨거움이 일렁거리나 보다
저마다 진흙으로 돌아가려는 몸을 일으켜 세우는
불가마 하나씩 깃들어 있나 보다

저렇듯 십 년 이십 년 오십 년 얼굴을 구워내고 있었으니
모든 얼굴은 뜨거운 속이 굽는 붉은 흙 가면인가 보다

양파

남자가 수도꼭지 아래서 여자의 껍질을 벗겼어
여자는 낄깔거리며 양파처럼 잘도 벗겨졌어
어두운 밤이 한 꺼풀 벗겨지자 투명한 낮이 솟아올랐어
신선한 알의 물컹한 속처럼
배수관을 타고 피가 쭉쭉 빨려 나갔어
그러지마그러지마 느네들 왜 그래 누군가 울었어
낮을 쪽쪽 빨아 먹으면 슬픈맛매운맛 밤이 솟아오르고
천년만년 세세무궁 낮밤은 그 짓을 되풀이했건만
여자는 훌러덩훌러덩 잘도 벗겨졌어
양파를 벗기던 남자는 눈이 매워서 울었어 여자도 덩달아 울었어
아 그리고그래서그럼에도 오늘낮이 가고 밤이 왔건만
나는 어디 있었는지 매운 껍질의 갈피 어디 숨겨져 있었는지
자꾸만 물어보다 돌아보면 여자의 몸은 다시그대로

남자는 울면서 자꾸만 울면서 여자의 껍질을 벗겼어

양파처럼 다 벗겨지고 나니 나는 없는데

나를 나라고 부르던 나는 어디 숨어 있었던 것인지

매운 껍질들 다 벗어놓고 밤은 마룻장 밑에 숨어서 떨기만 하는데

저 바다는 바지를 벗었다가 또 입었다가 한없이 그러는데

여름엔더웠고 겨울엔추웠어 모두모두 흘러가버렸어

세상에서제일아름다운이야기지?

풍경의 눈빛

내가 풍경을 바라보는 줄 알았는데
풍경이 날 째려보고 있었다는 걸 안 순간 질겁했습니다
내가 성의 계단을 오를 때
내 시선의 높이가 변하면서 풍경이 다르게 보이는 줄 알았는데
줄곧 풍경이 눈빛을 바꿔서 날 바라보고 있었다는 걸 안 순간
뺨을 한 대 얻어맞은 듯했습니다

나에게 성을 안내해주겠다고 내 팔목을 잡아끌며
계단을 오르던 소녀가 갑자기 소리쳤습니다
낮잠 자다 깨어나니 수억만 남자들이
둘러싸고 한꺼번에 내려다보는 듯
우리는 갑자기 통해서 자지러지게 소리쳤습니다

소녀는 놋쇠 거푸집 하나에 꼭 들어맞을 만한 작은 종처럼

세차게 울다가 소리를 거두었습니다
그러곤 여섯 방향에서 달겨드는 풍경의 화살에 갇혀
더러운 손톱을 빨기 시작했습니다
소녀는 안내해주었으니 돈을 달라고 조르던 것도 잊은 채
유충처럼 제 고치 속으로 숨어버렸습니다

태어나지 않은 자들의 지옥이
성의 발코니 아래로 넓게 펼쳐져 있었습니다
거짓말이야, 거짓말이야, 모두 거짓말이야 하고 바람이
광대하고 광대한 거짓말인 풍경 속을 날아갔습니다
새들이 내 뺨을 후려치듯 떨어지며 낮은 땅으로 내려갔습니다
계단마다 바뀌는 풍경의 눈빛이
위아래 사방에서 떨어지는 휘몰아치는 본드처럼
내 전신을 휘감았습니다

첫

내가 세상에서 가장 질투하는 것, 당신의 첫,
당신이 세상에서 가장 질투하는 섯, 그건 내가 모르지.
당신의 잠든 얼굴 속에서 슬며시 스며 나오는 당신의 첫.
당신이 여기 올 때 거기에서 가져온 것.
나는 당신의 첫을 끊어버리고 싶어.
나는 당신의 얼굴, 그 속의 무엇을 질투하지?
무엇이 무엇인데? 그건 나도 모르지.
아마도 당신을 만든 당신 어머니의 첫 젖 같은 것.
그런 성분으로 만들어진 당신의 첫.

당신은 사진첩을 열고 당신의 첫을 본다. 아마도 사진 속 첫이 당신을 생각한다. 생각한다고 생각한다. 당신의 사랑하는 첫은 사진 속에 숨어 있는데, 당신의 손목은 이제 컴퓨터 자판의 벌판 위로 기차를 띄우고 첫, 첫, 첫, 첫, 기차의 칸칸을 더듬는다. 당신의 첫. 어디에 숨어 있을까? 그 옛날 당신 몸속으로 뿜어지던 엄마 젖으로 만든 수증기처럼 수줍고 더운 첫. 뭉클뭉클 전율하며 당신 몸이 되던 첫. 첫을 만난 당신에겐 노을 속으로 기러기 떼 지나갈 때 같은 간지러움. 지금 당신이 나에게 작별의 편지를 쓰고 있으므로, 당신의 첫은 살며시 웃고 있을까? 사진 속에서 더 열심히 당신을 생각하고 있을까? 엄마 뱃속에 몸을 웅크리고 매달려 가던 당신의 무서운 첫 고독이여. 그 고독을 나누어 먹던 첫사랑이여. 세상의 모든 첫 가슴엔 칼이 들어 있다. 첫처럼 매정한 것이 또 있을까. 첫은 항상 잘라버린다. 첫은 항상 죽는다. 첫이라고 부르는 순간 죽는다. 첫이 끊고 달아난 당신의 입술 한 점. 첫. 첫. 첫. 첫. 자판의 레일 위를 몸도 없이 혼자 달려가는 당신의 손목 두 개, 당신의 첫과 당신. 뿌연 달밤에 모가지가 두 개인 개 한 마리가 울부짖으며, 달려가며 찾고 있는 것. 잊어버린 줄도 모르면서 잊어버린 것. 죽었다. 당신의 첫은 죽었다. 당신의 관자놀이에 아직도 파닥이는 첫.

당신의 첫, 나의 첫, 영원히 만날 수 없는 첫.
오늘 밤 처음 만난 것처럼 당신에게 다가가서
나는 첫을 잃었어요 당신도 그런가요 그럼 손 잡고 뽀뽀라도?
그렇게 말할까요?

그리고 그때 당신의 첫은 끝, 꽃, 꺼억.
죽었다. 주 긋 다. 주깄다.
그렇게 말해줄까요?

봉숭아

문지방의 흙을 침 묻힌 손가락으로
핥아먹던 아이가 돌아본다
눈이 빨간 아이여
아직 떠나지 않은 나여
아이를 때리던 손바닥은 어디 갔나

너무도 깊이 묻혀
아직도 돌 밑에서
꿈틀거리는 분홍빛 손톱이여
젖꼭지 위에 얹혀지던
그 옛적의 이빨이여

도대체 우리 엄마 아기집은 왜 아직 안 열리냐, 이다지도 질기냐

오늘 밤 저 하늘 콜타르 검은 천장이
티베트 사람들 검은 천막처럼 펄럭이고
울면서 짜지는 소금맛 별이여

밤마다 더 달여지는
온몸에서 진동히는 짠내어
빨리 나가자고 나를 찔러대는 빨간 송곳이여

lady phantom

방에 시체가 있다
내가 누군가를 죽였다
시체를 두고 나 여기 술 마시러 왔다
웃고 떠드는 사람들 알까 봐
우스워 우스워
요즈음 떠도는 농담이라며
지어낸 얘기 들려준다
이 자리 누구도 방 안에 시체를 두고
오진 않았나 보다
모두들 숨겨놓은 몸이 없는 사람들처럼 왁자하다
술집 어딘가 흰염소 눈알 같은
반질거리는 외눈박이 웅덩이가 열려 있다
내가 그 눈알 위에 의자를 올리고 앉아 있다
내가 정말 죽이긴 죽였나
꿈속처럼 방이 멀다
그 방엔 불에 타다만 사람의 심장을 쪼아대던
피 묻은 부리 하나
검은 웅덩이에 잠긴 발을

더러운 깃털로 닦을 때
그 사람의 두 다리는 이미 싸늘했지
나는 왜 방에다 불을 지르고 소리소리 지르다
그 사람의 몸에 물을 끼얹었을까
하루 종일 문 앞을 떠나지 않는
주인 기다리는 강아지같이 빤히 열린 그 눈알
그것을 닫고 오기는 했나?
두렵다
그럼에도 지금 이 자리
웃고 떠드는 나를 견딜 수 없다
아무래도 불꽃 머리칼 다시 길러야겠다
아무래도 나는 나를 다시 죽이러 가야겠다

수미산 아래

먼 산 바위 속에서
바위가 하나 불거져 나오더니
컹 컹 짖다가 들어간다
잠시 후 바위가 아문다

산 아래 사원에 있는 부처의 얼굴에서
개 한 마리 몸통 불거져 나오더니
컹 컹 짖다가 들어간다
부처의 얼굴에 잔잔한 미소가 착지하려는 찰나
입술 안쪽으로 생쥐 한 마리 씹히는 것 보인다

한 꺼풀 한 꺼풀 벗겨지던 파란 하늘에선
하루 종일 그을리다 만 개 한 마리
컹 컹 불을 내뿜듯 구슬프게 짖어대더니
설산을 붉게 물들이며 달아나고
그 아래 사원에서 호수보다 큰 가마솥이 설설 끓는다
하늘에서 희디흰 개떼가 그 가마솥 속으로 투신한다

내 속에서 나온 들개가 밤새도록 텐트 앞에서 운다
들여보내달라고 들어가고 싶다고
애걸복걸 내가 짖어댄다
텐트를 열고 달밤 내다보니 개가 흘린 침이
산봉우리 계곡마다 허옇게 흘러내린다

내 목구멍에서 내가 싫어하는 사람 목소리가 난다
내가 그리 짖을 때마다
산 아래 사원에 있는 금부처의 몸통이 줄어든다
커엉 컹 이제 금부처가 두꺼비만 해졌다

메아리나라

여기는 멀리서 빛이 왔다가 돌아가는 곳
여기는 멀리서 바람이 왔다가 돌아가는 곳

여기는 빛빛빛비치 잦아드는 곳
여기는 바람람람람라미 이파리들을 쓸어가는 곳

쥐잡이 끈끈이에 붙은 쥐처럼
땅이 놓은 덫에 두 발이 걸렸네

여기는 어디선가 저 먼 곳이 왔다가 가버리는
메아리나라

당신이 머무는 내 몸을
내가 잊으려
가방을 짊어지고
멀리 멀리 저 멀리 사막을 걸어가네

선생님 멀리 떠나시고 갑자기 암전

뱃속이 터진 석상처럼
입속으로 침만 줄줄 흐르네

비명을 지르며 떨어져가니 깊은 물속
누군가의 터지지 못한 그 목소리, 그 깊은 속

머리야 이 무거운 몸을 떠나버릴래?
마음아 이 무거운 몸을 버려버릴래?

내 발, 내 발, 내 발, 내 발
제발 제발 제발 내 발을 여기서 꺼내줘요

맴맴맴 매미들이 내 얼굴에 들러붙어 소리치는
아마도 여기는 아무도 머물 수 없는,

비단길

이번 방학에 내 열병을 문병 갔다 왔다

나 여기서 아이 업고 뽀뽀하고
박꽃 같은 살냄새 유장하게 흐드러질 적에
땡볕에 지린내 구린내 칠갑하고
내 고통이 그곳에서 혼자 끓고 있다고 간간이 소식 왔었다
그 속을 잇몸 다 내놓고 헉헉거리는 낙타처럼
숨겨놓은 내가 가고 있다고
녹아내릴 듯 얇은 비단에 몇 자 적어
불현듯 열병이 찾아와 내 몸속을 두드리다 갔지만
나중에…… 나중에…… 나 흐드러지다가
문득 몇십 년 지나 문병 갔다 왔다

나 태어날 적에 한 번 폭발한 뒤
아직도 폭발 중인 무시무시한 수소 폭탄처럼
미친 해가 아직도 붉었다가 검었다가 하는
파편을 쏟아 붓고 있는 사막에

한 번도 빗물의 어루만지는 손길을 받아본 적 없어
백각으로 친각으로 뾰족하게 갈라진 돌이 쌓인
사막의 검은 언덕을 늙은 낙타가
천사만사 얇은 비단 겹겹이
열꽃 핀 나를 싣고 가고 있었다
어쩔 수 없이 씹어야 하는 흰 낙타풀은 가시가
손가락만큼씩이나 굵고
낙타의 입에선 쉴 틈 없이 피가 쏟아졌다
세상에 이리도 고통뿐인 곳이 있다니
신기루 속에서 내 딸은 열반 든 부처가
옆으로 길게 누운 절간을 보았다지만
나는 자꾸만 목구멍으로 넘어오는
시퍼렇게 높은 파도를 삼켜야 했다
삼킬 때마다 붉은 모래 회오리가 몸속을 휘돌았다

 응급실 침상 위에서 먹지도 자지도 못하는 아이가 울고 있다
 아이의 몸엔 진통제 바늘 꽂을 틈도 없이 붕대가

감겼는데
　엄마는 24시간 한시도 쉬지 않고 윤이야 윤이야
　아이의 몸에서 이름을 꺼내려 하고 있다

　사막에서 돌아와 열병으로 응급 침상에 누운 내가
　아직도 검은 돌산을 오르는 내 낙타를 멀거니 본다
　나 여기 있는데 저 혼자 화염산 오르는 더러운 낙타를 본다
　나는 낙타더러 너는 그리 가라 나는 이리 가겠다고
　그래서 언젠가 하늘 가까운 그 호숫가에서 만나자고 몸서리를 친다
　열에 들뜬 잠 속에서 시퍼런 신기루를 나 혼자 꿀꺽꿀꺽 삼킨다

미쳐서 썩지 않아

욕조에 담긴 미지근한 물이 말한다
내 전신에 가득 스민 당신
당신 귀로 들어갔던 음악처럼
나는 당신 몸을 속속들이
다 더듬었는데
당신은 어딨니?

욕조에 담긴 식은 물이 말한다
나는 대머리지
머리털이 없지 그래서
냄새도 없지 그러나
이제 당신 냄새로
이렇게 썩어가지

음악이 말한다
나는 손이 없지 팔도 없지
당신 땀구멍까지 다 껴안아줄 수는 있어도
당신을 잡을 수는 없지

욕조에 담긴 물처럼
당신 때문에 내가 썩는다
오디오에 담긴 음악처럼
당신을 감돌고 나온 내가 죽는다

당신이 나를 다 잊어서 내가 죽는다

목까지 찬 냄새나는 물이 썩는다

그래 여기선 결국 시궁창의 승리!
시의 궁창이여! 만만세여!
발 아래 터널이여!

전세계의 쓰레기여 단결하라

당신이 떠난 자리에 맥주병 두 개 담배꽁초 한 개 메모지 두 장.
왜 내 전화를 먹니? 메시지를 먹니? 먹을 게 그렇게 없니?
당신은 통신 부르주아. 나는 왜 항상 전화가 무섭니?
나는 당신이 쳐다보면 항상 무엇으로 변해야 할 것 같아. 소파에 고꾸라진 옷 뭉치로 변하는 건 어떨까?
아니면 뒤집어져서 버둥거리는
모든 짐승의 불쌍한 배처럼 얄따란 분홍색
누군가의 입술에 매달린 풍선껌은 어떨까?
당신은 아니?
눈동자의배꼽신. 팔뚝의귓바퀴신.
고구마무릎의사과씨신. 돼지발톱의병아리신.
꿈꾸는물방개의물푸레나무신. 어여쁜아가씨의뒤꿈치발톱신. 개미귀신의고양이눈깔신. 쥐구멍의고양이몸뚱아리추깃물신. 총체흔드는아줌마팔뚝의코끼리신.
프레온가스처럼터져나오는침방울. 사자의썩은입냄새

보다더굴욕구역질침샘신.

당신은 당신과 나의 사지에 매달린 신님들 모두 아니?

당신이 떠난 자리에 젖어버린 수건 뱉어버린 껌 뭉개진 토마토. 저마다 몽땅 몸을 빌려준 고마우신 검은 비닐봉지님들. 내 발아래 콘크리트와 철근과 유리창의 깍지 낀 팔뚝들이여.

그 팔뚝들을 집요하게 내리치는 기계해머팔뚝들이여 드높아라.

전세계의 돼지여 단결하라 신. 전세계의 고양이여 버터가 되자 신. 손목들이여 팔뚝을 탈출하라 신. 축구 선수 입에서 튀어나오는 욕설 무더기 고등어 시체 신. 인도에는 신님들 수가 3억. 사람은 거기 모두 몇 명 살까?

하늘 땅 바다에서 몰려온 별의별 신님들.

당신이 떠난 자리에 내가 마치 쓰레기 신처럼 좌정하고, 사람에 대한 공복으로 이제껏 버티고 계신

저 더럽게 제일 높으신 신님처럼

쓰레기 매립지로 가는 초록색 트럭을
기다리고 있나는 서, 아니? 모르니?
매일 매일 빠져버린 당신과 나의 머리카락들이
저 멀리 바다에서 빙산 녹은 물과 섞이고 있다는 거,
아니? 모르니? 당신콧구멍의콧털따가운지구한방울신!

딸기

접시에 붉은 혀들이 가득 담겨 왔다

찬송 부르는 성가대원 입속의 혀처럼 가늘게 떨고 있었다

네 혀가 내 혀 위에 얹혀졌다

두 개의 혀에서 소름이 오스스 돋았다

세상의 온갖 맛을 음미하다 이제 돌아와 우리는 좁쌀 같은 돌기들을 다소곳이 맞대었다

너는 입속에 혀만 있고 이빨이 없는 사람 같았다

몸 저린 뿌리가 내장 사이로 번개처럼 뻗어내리고, 전기처럼 차디찬 시냇물이 머릿결을 타고 흘러내렸다

깨물면 붉은 물이 돋을까 봐, 나는 얼굴이 한정없이 세워낸 붉은 것늘을 가만히 물고만 있었다

눈 맞은 나뭇가지처럼 포근한 네 개의 팔이 얽히고, 접시 가득 이 키스를 거두어들였다!

그 작은 돌기들이 모두 네 씨앗들이었다는 말은 내가 네 혀를 다 짓이긴 후에야 들었다

성탄절 아침의 트럼펫

천사들이 발가벗고 구름 속에서 거품 목욕을 했어

하나님은 그 옆에서 생리대를 하고 드러누워 있었어

시신을 먹은 독수리들이 더러운 문신처럼 흘러내려 남자들의 등에 가 붙었어

천사가 되고 싶었지만 힘이 너무 세 무서운 짐승이 되었어

닭 벼슬을 단 아이들이 그 짐승들을 따라다녔어

물랭루주의 여자들이 가랑이 사이에다 종을 매달고 다리를 번쩍 번쩍 들었어

아이를 떼버린 젊은 아내들은 '다시 팔 때 값이 떨어지지 않도록 안구에 기스 내지 마시고, 손가락 부

러뜨리지 마시고, 메이크업할 때 착색되지 않게 하시고, 아껴주세요. 피부 황변은 신경 쓰지 말라고 말씀드리고 싶어요. 약간 노랗게는 되지만 그렇게 심각한 문제가 아니에요. 다만 인형 메이크업을 지울 때 아세톤이나 리무버 같은 걸로 지우지 마세요. 백화나 녹변은 단시간에 오니까요'라는 답장을 받았어

부활하자마자 예수는 근엄한 공장들에서 복제되어 나오는 수많은 짝퉁 예수들을 쓸어 담아 소각장에 보내는 청소부로 고용되었어

어제 태어난 눈사람은 하룻밤 사이에 모두 박멸되었어

눈사람의 뼈마저 모두 도굴되었어

기쁨의 소용돌이처럼 번지는 동정녀들이 숨 쉴 때마다 터져 나오려고 하지만 그녀들을 꺼내 보여주는

것은 나이 많은 여자들에겐 금기야라고 성탄절 카드를 보내자 숨 쉴 때마다 동정녀를 삼키곤 이산화탄소를 내뿜는 인생이 말도 참 잘하네라고 답장이 왔어

 세상의 모든 거울들이 지구를 돌아가는 햇빛의 손을 잡고 잠깐씩 모두 빛나주었어 그중에 한 거울 앞에 서서 거울 속에 숨은 아기를 낳아보는 포즈를 취해보았어

 천사들을 녹여서 빵에다 발라 먹으면 제일 맛있다고 오늘 아침 광고에 나왔어

 목욕을 끝낸 천사가 길게 5분짜리 비명을 지르곤 돌아갔어

칼과 칼

칼이 칼을 사랑한다

발이 없는 것처럼 공중에서 사랑한다

사랑에 빠진 칼은 칼이 아니다 자석이다

서로를 끌어당기며 맴도는 저 집요한 눈빛!

흩어지는 땀방울 내뱉는 신음

두 개의 칼이 잠시 공중에 엇갈려 눕는가 했더니 번쩍이는 눈빛, 저 멀리 같은 방향을 바라보기도 한다

서로 몸을 내리치며 은밀하게 숨긴 곳을 겨냥하는 순간, 그 눈빛 속에서 4월마다 벚꽃 모가지 다 떨어지기를 그 몇 번!

누군가 하나 바닥에 몸을 내려놓아야 끝이 나는 칼

의 사랑

  분홍신을 신은 무희처럼 쉬지 않고 사랑할 수는 있어도, 그 사랑을 멈출 수는 없는

  시퍼런 몸 힘껏 껴안고 버틸 수는 있어도 끝내 헤어져 돌아갈 수는 없는

  공중에서 내려올 수도 그렇다고 넘어질 수도 없는

  꼿꼿한 네 개의 무릎에서 피가 솟는다

  저 몸도 내 몸처럼 구멍이다 저 검은 구멍을 베어버려라 저 안이 밖으로 넘치도록 찔러버려라

  거기서 솟는 따뜻한 피로 얼굴을 씻어라

  아무리 소리쳐도 절대로 물러서지 않는 이 끔찍한

사랑

 그러기에 이제 내 사랑은 날 선 몸을 공중에 두는 것이었다고

 한 번도 발을 땅에 붙이지 못한 것이었다고 말해야 하나? 다행인가? 우리 사랑이 아직 이렇게 공중에 떠 있다는 거?

웅
웅

    고해성사실 창구멍은 벌집처럼 생겼어
    신부님 마이크 구멍도 벌집처럼 생겼어 모두 팔각형이야
    신부님이 뭐라고 뭐라고 할 때마다
    신부님 입에서 쏟아지는 벌 떼
    때맞춰 향합복사가 향을 피우면 향냄새 진동하고
    신부님 목소리에 맞춰 성가대원 아줌마들이 성모송을 부르지
    아줌마들의 벌어진 입술은 모두 팔각형
    입술 속엔 모두 꿀처럼 끈적거리는 침

    차조심하고 술마시고돌아다니지말고 어쩌구저쩌구
    수화기 속에서 쏟아지는 벌 떼 사이로
    잠깐씩 끼워지는 우리 엄마 목소리
    전화를 받다 말고 텔레비전 소리 좀 죽여
    하고 뒤돌아보면 남편이 보는 뉴스 속에서 쏟아지는 벌 떼
    쏟아지는 빗줄기가 때리는 아스팔트에

푸드덕거리는 땅벌 떼의 날갯짓
자장면 싣고 달려가는 오토바이 속에는
도대체 몇 마리의 벌이 살까 저 벌들 때문에 못 살아
아나운서 목구멍에서 올라오는 벌 떼
화면에 버글거리는 벌침들
순경의 무전기 속에서 벌 떼가 쏟아지자
그 앞에 비 맞고 드러누운
오토바이 청년의 감은 눈 위로 정신 잃고 쏟아지는 벌 떼
비 오는 밤 벌 떼가 허공에 정신없이 수신하는 글자들
채집망이 터졌나 모니터가 터졌나 내 두개골이 덩달아 터졌나
벌떼같아 정말모두벌떼같아 못살아

'ㅁ'으로 끝나는 글자들 속에서 우글거리는 벌 떼
신부님 선생님 판사님 사모님 자궁님 트라우ㅁ ㅁ ㅁ 세탁기

세탁기 웅 웅 돌아가고
엄마 뱃속에서 깨끗이 빨리는 태아
거기에 귀 대고 들어보니 그 속에서 웅 웅 울어대며
돌아가는 아기의 발길질
신부님은 명했네 성모송 다섯 번 암송하고 나가세요
고해성사실 창구멍은 벌집처럼 생겼어
그 구멍으로 내다보는 신부님 두 귓바퀴는 팔각 젤
라틴 같아
신부님 검은 두 눈동자는 벌꿀에 빠져
여섯 개씩 가는 다리 꼼지락거리는
벌 두 마리처럼 발버둥 쳐
빨리 나가세요!
웅
웅

혼령혼례

날아가버린 연(鳶)들이 모여 사는 나라가 있었나 보다

그 나라에서 희디흰 실들이 쏟아져 내리는 저녁

비단보다 차갑고 질긴 알몸이었나 보다

희디흰 알몸을 풀어 한정 없이 물레를 돌리는 저녁

하늘에서 내려온 먼 옛날의 레이스 문자들이 우리를 꽁꽁 마취해버려

하는 수 없이 무거운 수화로 몸속의 축가를 꺼내보는 저녁

먼 데를 바라보던 허전한 얼굴들 마주 보는 나라가 있었나 보다

두 얼굴 사이 어두운 허방에 작은 들꽃 같은 조심스런 웃음이 펄 펄 내려앉더니

하객을 실은 버스 한 대가 눈길에 미끄러져 내동댕이쳐지고

걸치면 몸 지워지는 희디흰 면사포 여민 채 서로 멀어져버린 저녁

날아간 연들이 모여 사는 나라에서 보내온 희디흰 청첩장이 있었나 보다

희디흰 종이에 쓴 내 검은 글씨들 지우려고, 검은 종이에서 희디흰 글씨들 내려오는 저녁

감기

당신이 들여다보는 흑백 사진 속에 내가 있는 것처럼
우리는 다른 세상에서 마주 보았다

당신의 사진 속은 늘 추웠다
기침나무들이 강을 따라 콜록거리며 서 있었다

눈을 뜨면 언제나 설산 오르는 길이었다

간신히 모퉁이를 돌아서도 희디흰 눈밭
날카로운 절벽 아래로 툭 떨어지는 가없는 벼랑이었다

얼어붙은 하늘처럼 크게 뜬 당신의 눈을 내다보는 저녁

동네에 열병을 옮기는 귀신이 들어온다는 소문이 퍼지고

굴뚝마다 연기들이 우왕좌왕 몸을 떨었다

당신은 내 몸에 없는 거야 내가 다 내쫓았거든

내 가슴에 눈사태가 나서 한 시간 이상 떨었다

기침나무들이 몸을 부르르 떨며 눈 뭉치를 떨구자
벌어진 계곡에서 날 선 얼음들이 튕겨져 나왔다

맨얼굴로 바람을 맞으며, 입술을 떨며
나는 얼어붙은 벤치에 앉아 있었다

당신이 들여다보는 여기에서 나가고 싶었다

마음

분홍색 얇은 꽃 이파리 결 따라 팔랑거리는 물
암술 수술의 간절함으로 가녀린 물
비린 거울처럼 내가 비춰지는 몸속의 물
비추다가 순식간에 사라지는 물
바람에 섞여 흩어지다가 머리칼을 적시는 물
방바닥까지 내려온 구름처럼 나를 잠기게 하는 물
흐릿한 먹물로 찍어 쓴 초서처럼 내 몸 위에 씌어지는 물
그 물결로 나를 살랑살랑 흔드는 물
햇볕에 마르는 희디흰 광목에
보고 싶은 얼굴의 형상으로 번지다 마는 물
알약과 함께 삼켜지는 물
저녁나절 창문을 어루만지다 돌아가는 물
어항에 담겨 물고기의 숨이 되는 물

방 한가운데서 거룩하게 끓어오르는 물
향기로운 찻잎을 적시는 물
서로 마주 앉아 예를 다해 정중하게 마시는 물

이어서 내장을 닦고 방광에 모이는 물
더러운 물
썩어서 끓어오르는 물
네 살갗의 작은 구멍마다 송송 맺히는 물
짠물

물이 물을 때렸어. 뱀처럼 엉킨 물. 발가벗은 물. 물이 물을 박살냈어. 철썩철썩 때리는 물의 손가락. 기어가는 물. 뒹구는 물. 쇠처럼 굳은 물. 참지 못하고 마침내 쏟아지는 물. 뺨 위에 씌어지다 귓바퀴 뒤로 흘러내리는 물. 물과 물이 마주 앉아 서로를 비추다 가버렸어. 물속에 차곡차곡 쌓이는 나날의 그림자. 축축한 이 거울이 죽으면 나도 죽게 되는 물.

(입속에서 하루 종일 물이 끓었어)

트레인스포팅

통리역에 서 있으니
아무도 타지 않고 아무도 내리지 않는 간이역에
춤추는 빨간 구두 벗어지지 않아 기찻길에 달려든
이제는 은퇴한 그 여배우가 된 기분이다

급행열차가 지나갈 시간이면
파랑 주의보에 떠는 고깃배처럼 간이역엔 소름이 돋고
석탄을 가득 뱉은 산들마저 진땀을 흘렸다

간이역도 말을 한다는 거
열이 나서 땀 흘리며 잠에서 깬다는 거
깊은 밤 철교 위로 산책도 한다는 거
어두운 나무 밑에 스러져 울기도 한다는 거
술집 구석 자리에 앉아 누군가를 기다리는 척한다는 거
전화를 해도 받지 않을 때가 있다는 거

제 결혼역에 내려주실래요?

아니면 해마다 생일역에 안부라도

그것도 싫으시다면 내 장례역에라도 참석해주실 수 있을는지

여기서도 휴대폰은 쉴 새 없이 울리고

수백만 마리의 곤충 떼가 한꺼번에 지나가는 소리

자고가고 울고가고 커피마시고가고 술마시고가고

심지어는 아기 버리는 미혼모처럼 기차 몇 량을 버리고 가고

그러다 같이 가! 부르면 아무도 돌아서지 않는다는 거

서랍이 많은 티켓 박스 속에서

서울로 강릉으로 가는 표들은 누렇게 녹슬어 있고

나는 또 무한정 키가 커버린 첼로처럼 푸르르 떨며 철길을 내다보고

화물 기차가 내 늘어진 현을 당겼다 놓고 가면

내 얼굴엔 찬별이 떠서 얼굴이 저려온다는 거
나는 쇠줄 두른 손목시계의 나사를 하나하나 풀듯
숱한 그림자 타다 만 시체처럼 누워 있는
기찻길의 침목을 하나하나
눈동자 속으로 삼킨다는 거

꽃잎이 피고 질 때면

 꽃잎 돋으면 어쩌나. 가려워 어쩌나. 봄이 왔다고 산천초목 초록 입술 쫑긋 내미는데 이제 어쩌나. 당신들의 들러붙은 무릎 사이, 당신들의 맞붙은 입술 사이, 세상의 모든 구멍이란 구멍 비집고 이파리 돋아나는데 어쩌나. 나 엎드려 기어가서 이 초록 벌판 다 짓이겨버리려네. 이 환한 초록 바다, 깊은 구멍 다 메꿔버리려네. 초록 속에는 시신들이 내뱉는 추깃물, 쓰디쓴 파랑, 검은 떫음, 붉은 비린내, 입술 화한 노랑, 다 들었으니 나 이 깊은 구만리장천 연초록 구멍들 다 씹어 삼키려네. 이것들 뭉개서 온몸에 칠갑하려네. 내 두 손 두 발 다 묶어놓고 개 밥그릇에 밥 던져주던 사람들 앞에서, 내 입으로 내 구멍으로 이 풀밭 이 산천 이 넓은 초록 바다 다 짓이겨버리려네. 온몸에 깜깜한 눈 번쩍 뜨려네. 꽃이 피면 어쩌나. 온몸에 꽃피는 구멍들 가려워 어쩌나. 자장자장 그 꽃 재워줄 손길도 없는데, 세상의 구멍이란 구멍은 다 몸 열어 새끼를 낳는데, 뜨거운 몸 뒤트는 이 연초록 벌판 어쩌나.

기도하라하네 쉬지말고기도하라하네 눈물로간청하라하네 순종하라언제나순종하라그러네 이 세상 구멍으로 태어났으니 또다시 구멍을 낳으라 그러네 무슨 잘못을 저질렀단 말인가 용서를 빌지 않고는 이 세상 넘어갈 수 없다하네 무릎꿇으라하네 벌레처럼머리를 조아리라하네 두손으로싹싹빌라하네 낮추고낮추라하네 무릎을꿇고오줌발을받으라하네 가슴을치며회개하라하네

 열두 마리 새끼 밴 개 한 마리처럼 입에 거품을 물고 네발로 땅 짚고 배를 맨땅에 부비며 새싹들을 뭉개며 어디로 가는지 아는지 모르는지 봄인지 겨울인지 비척비척 가려워 아 가려워

 하늘만큼 땅만큼 커다래져서 한눈에 보이지도 않는 여자가 하나 지나가네 뒤뚱뒤뚱 지나가네

당신 눈동자 속의 물

내가 아침에 일어나 슬픈 노래를 부르면
컵의 물도 슬퍼지고 변기의 물도 슬퍼지고
꽃대궁 속으로 쿨럭거리며 올라가던 꽃병의 물도 슬퍼지고
입속에 물을 가득 품은 채 참고 있는
수도꼭지 속의 물도 슬퍼지고

창밖으로 날아가는 새들을 보고 날아오른다고
하지 마라 그건 내가 떨어지고 또 떨어지고
한없이 떨어지고만 있는 것이니
天空 滿空에 떨어질 줄밖에 모르는 대지를 타고 가는 것이니

흐르는 물은 흐르면서 몸을 씻지만
이렇게 슬픈 노래는 내 몸에 고여서
흘러 나가지도 못하네 배수구 마개가 울고
그 아래 파이프들이 우네

나는 흘러가려고 태어난 몸
흘러가 당신 몸속의 물이 되려고 태어난 몸
지평선이 없어도 좋아 딛고 설 땅이 없어도 좋아
나는 오직 가기만 하면 돼
나는 당신 몸 깊은 곳에서 쉬지도 않고, 넘치지도 않고, 속삭이지도 않고
당신 눈동자 속의 물처럼 물끄러미 있으려고 태어난 몸

이 슬픈 노래는 어디서 흘러왔는가
내 썩는 몸 위로 왜 자꾸 오는가 어느 곳에 숨었다가
내 컵의 물을, 내 꽃병의 물을 울리는가
한강 둔치에 물 가득 차올라
도로 표지판 하나 보이지 않고
그 아래, 그 강바닥 깊은 아래
땅속 동굴을 흐르는 차가운 물소리

천장이 흔들리고 기둥이 젖어들고
솥들이 녹스네 두 눈을 크게 뜨고 앞가슴을 내밀고
숨을 참고 나가야지 썩지 않으려면 나프탈렌이라도 먹어둬야 할까
열쇠를 찾아 이곳을 나가야지

산들 감옥이 산들 부네

내 아침 출근길의 1시간 30분짜리 감옥
내 앞에 유리창이 있다고 헤드라이트가 있다고
시속 110킬로미터짜리 달리는 독방을 모르네

301호 갔다가 401호 갔다가 이리 갔다가 저리 갔다가
50분의 감옥 100분의 감옥 150분의 감옥이 붙어 닥치네

말랑말랑해서 더 기막힌 큐브
지독한 방들이 나를 덮치네
덜 익은 밤송이처럼 텁텁하고 떫은 맛

자동차 유리창에 붙은 저 젖은 눈동자
한 장 떼어내면 이 감옥이 열릴까
저 눈동자 이파리보다 가벼워서
저 눈동자 저리 질기니
저 눈동자 떼어지지 않으니

저 별 한 잎 떼어내면 그 뒤로 막막한 한 세상 열릴 텐데
저 별이 틈인데 저 별이 저리 우느라 앞길 비켜주지 않으니
이 밤 이 어두운 바람이 나를 속이네 나 감옥인 줄 모르네
이 밤 이 어두운 커튼 흘러내리는 감옥이 당신과 나를 떼어놓네

그래서 이 감옥에선 상징을 써야 해
감옥이 감옥을 잊으려면 늘 거짓말을 해야 해
나는 강의실에서 거짓말을 늘어놓네

꽃이 핀다는 감옥 밖의 냄새가 나요
손을 잡아요는 그래 봤자 탈옥할 수 없어요
입을 맞춰요는 너 열쇠 감췄지
우리 같이 잘까요는 우리 감옥에서 종신 썩어요

유리창이 있다고 바람이 분다고 별빛이 샌다고 감옥을 모르네
퇴근 후 내가 잠자리용 감옥에 몸을 누이면
감옥 밖의 감옥 밖의 감옥들 모조리 달려와
붉디붉은 핏길로 내 몸을 결박하네

10시간짜리 10년짜리 100년짜리 감옥

은밀한 익사체

그가 모는 자동차는 자궁 속 같아

자궁 속에서 햄버거를 먹고 맥주를 마시는 맛!

침을 흘리며 잠들다 후루룩 라디오 소리 들이마시며 잠에서 깨어나는 맛!

레이스 이불처럼 들쭉날쭉한 풍경을 끌어다 덮고 돌아눕는 맛!

라디오에선 작은 방송국에서 편집한 고래의 신음이 흘러나오고

길 위의 자동차들은 모두 각기 다른 전파를 수신 중이지

저 고래는 바다에서 그 막대한 물을 어떻게 견디고 있었을까

잠수함의 음파에 맞은 희디흰 고래 한 마리 해안으로 떠밀려오는 듯

먼 옛날 나의 시간이 시작되기 전 그 옛날

엄마의 뱃속은 참 시끄러웠지 교통의 요지였다니까

창자 속으로 살수차들이 미끄러져 가고 나면
핏줄 위로 출근 전차가 지나가고
콸콸콸 흐르는 오줌 강물 위로 유람선이 부웅 기적을 울렸지

내 선잠 너머 아득한 대평원에 두 마리 코끼리
서로 멀리 떨어져 교신하듯
우리는 소리 내지 않아야 들을 수 있는 저주파 목소리로
말하지 말아야 알아들을 수 있는 그런 맘 나누고 가네
마치 눈 내리는 밤 트럭 운전수들의 무선 교신처럼
우리는 다른 행성을 운행 중인 사람에게 말하듯 그렇게
입 다물고 말하네

그가 모는 자동차는 자궁 속 같아
자니? 하고 물으면 안 자! 하고 탯줄을 더듬으며

뒤척이다가

  운전대를 잡은 그의 손을 엄마! 엄마! 속으로 부르며 깨물어 먹다가

  발치까지 왔다가 돌아가는 양수의 파도에 떠밀려

  나 혼자 저 멀리 멀어지는 맛!

  그의 몸을 도는 진한 피에 실려서 어두운 태중에 둥둥 눈 감고 가는 맛!

  다른 세상으로 서로 멀어져가며 두 마리 코끼리처럼 교신을 나누는 맛!

  세상 밖으로 큰 눈 뜨고 운전해 가는 한 시간짜리 새엄마의 뱃속에 둥둥 떠가는 맛!

인어는 왜 다 여자일까

방바닥에 엎드려 내 그림자에 입을 맞추네
그림자의 귓바퀴를 물어뜯네

내 그림자의 눈이 반짝 켜지네

내 상반신엔 평생 한 번도 씻지 않은
낙타 같은 사람
내 하반신엔 깊은 바다 속으로 내 몸을 끌고 헤매는
검은 상어 같은 사람
숨어 있네

나는 그런 시큼한 채찍을 든
오래된 사람들에게 반씩 먹힌 여자

그리하여 고단한 내 얼굴엔
내 후생의 몸뚱어리, 모래 언덕의 요염한 곡선
멀거니 바라보는
퉁방울 같은 낙타 눈동자 열려 있고

내 발목엔 낳지 않은 아가들의
수백 개 손톱 같은 비늘들이 따갑게 박혀 있네
평생 떨어지지 않네

한 사람이 저 멀리 사막으로 가자고 내 팔을 흔드네

한 사람이 저 멀리 바다로 가자고 내 다리를 묶네

따끈한 혀가 내 손가락보다 먼저 얼어붙네
춥다 춥다고 말을 더듬네
생리통이 모질게 하반신을 휩쓰네
아프다 아프다고
반쯤은 사막에
반쯤은 심해에
붙들린 몸을 뒤트네

내가 내 그림자의 귓바퀴를 물어뜯네
하루 종일 나는 나를 헤엄치네

인어는 왜 다 여자일까?
인어는 자가 생식하는 걸까?

엄마는 왜 짤까?

엄마집 가서 한밤중 목말라 일어나보면
베란다 창문으로 소금 레이스 커튼이 내려오네
희디흰 소금으로 만든 사방 연속무늬
벽을 타고 가늘게 내려오네
찬장 열어보면 엎어놓은 밥그릇들 옆에
소금 봉분들 하얗게 빛나고
벗어놓은 원피스 위로 소금이 첫눈처럼 쌓이네
괜스레 다락문 열면 거기서 소금이
한 가마니 두 가마니 쏟아져 내리네
그 소금 한 알 찍어서 입으로 가져가면
혀 대신 두 눈이 먼저 짜다 짜다
찬물 두 줄기 주르륵 흘리네
일평생 입술을 깨물고 열심히 참아왔다네
그런데 아이구 이게 또 웬일?
창밖에서 희디흰 소금 산이
하늘 높은 줄 모르고 높이 높이 솟아오르고
느닷없이 들고 있던 유리컵이 산산조각 나고
엄마가 잠 깨는 기척

그러자 소금으로 그려진 사방 연속무늬들이
티베트 스님들이 색색 모래로 그렸다 지운 만다라처럼
흔적 없이 사라져버리네
소금이 깊디깊은 밤바다 속으로 다 쓸려가버리네
엄마네 집은 왜 이다지도 짤까?

Delicatessen

1

아버지는 아이들을 길렀다
당연히 잡아먹으려고
이 세상에서 제일 맛있는 것
그건 내 아이들의 통통한 뺨
아버지는 말했다

여동생은 밤마다 잠들지 않으려고
바늘쌈을 베개 밑에 두었다
그래서 여동생은 고슴도치가 되었다
그 애는 입만 벌려도 몸에서 가시가 쏟아졌다
남동생은 박쥐가 되었다
늦은 밤에만 방에서 나와 푸드덕거렸다
아버지가 진지 드실 땐 조용히 해!
어항에선 열대어들이 쑥 내민 입술처럼 떠올랐다
아침마다 엄마는 붉은 열대어로 국을 끓였다
나는 스컹크가 되었다

건드리기만 하면 매캐한 기침을 하루 종일 할 수 있었다

검은 봉지 안에 우리를 담아 들고
아버지가 걸어가셨다
검은 봉지에서 눈물이 질질 흘러나왔다
눈물을 어찌나 많이 흘렸는지 홍수가 졌다
동네 사람들이 고무 다라이로 배를 만들어 주격 노를 저었다
아버지가 건너가시지 못하게 해!
눈물이 깊어 아버지는 강물을 건너 집으로 오실 수 없었다

2

우리는 자라서 아버지를 길렀다
당연히 빗자루로 쓰려고

우리는 아버지를 들고 나가 마당을 쓸었다
가끔 눈도 치웠다
봉당 아래 쭈그려 앉아 담배를 피우는 아버지
날마다 머리숱이 적어졌다

저 빗자루를 안에 들여놓아야지!
가까이 다가가서 보니 망측해라 거기 머리숱 적어진 내가
담배를 피우며 돌아보고 있었다

그리고 나는 따뜻한 아궁이 속에다
아버지를 길렀다
당연히 잡아먹으려고

회오리를 삼키다

회오리를 삼켜본 적 있나요?
회오리는 등뼈로 삼키는 것
몸이 뒤로 휙 넘어가고
머리칼이 얼어붙은 빨래처럼 뻣뻣해지고
소름이 등뼈 바깥으로 좌악 끼치는 느낌

몸이 활처럼 팽팽해지면 다 볼 수 있어요
당신의 상처는 붉게 터져 골골이 피의 계곡이네요
산 것들을 먹고 산 죄 핏빛이니
검은 땅 위에 붉은 입술들 활짝 피었네요

사랑하는 당신의 머리칼 아래 백골은 이미 죽었네요
종종거리는 행인들의 등허리에
갈퀴 같은 바람의 미소 번지네요
하나님은 이 세상 하직하고 간 사람들이 남긴
텅 빈 이불들 긁어모아
저 높은 곳에 푸른 불을 놓았네요

세상이 너무도 투명한 비단 속옷 같아
속이 다 비치네요

나는 바람의 거처인가요?
아니면 회오리의 숙주인가요?
저 깊은 속에서 뱀같이 서늘한
바람의 길이 올라오면
내 팔다리는 태풍 온 날 대나무 이파리처럼 나부끼고
내 눈물이 후두둑후두둑 흩뿌려지면
구슬픈 노래가 몸속에서 회오리쳐 올라오네요
누가 와서 제발 자꾸만 당겨지는
활시위 같은 이 몸을 붙들어줘요

회오리를 삼켜본 적 있나요?
싫어요! 싫어요! 울면서 밤바다에 나와 앉아본 적 있나요?
와아 몰려와서는 해변의 자갈들 힘껏 팽개치면서
받아, 받아, 받아 소리치는 바다 소리 들어본 적

있나요?

　억만 개 물방울들의 각기 다른 아우성 소리
　들리나요?
　가기 싫은 혼들은 정말 얼마나 잘 우는지 몰라요
　그 소리 듣느라 두 주먹 불끈 쥐고 참아본 적 있나요?

　가요! 가요! 돌아가요! 외쳐본 적 있나요?

하늘강아지

따뜻하고 부드러워.
마시멜로 같아.
맥박은 작고 빠르고.
방심한 눈앞으로 퍼뜩 지나가버리고 말아.
그 작은 분홍 입속에 손가락을 넣을 수 있을지도 몰라.
이 세상에서 제일 부드러운.
너무 부드러워 껴안을 수조차 없는.
늘 아침엔 우유 한 접시를 부엌에 놔둬야 할걸.
저것 좀 봐 잠들면 저렇게
안개 공처럼 동그랗게 몸을 말잖아.
조심해 입김 한 방에도 사라질지 몰라.
나 그거 안고 싶어서
해 뜰 때 새털구름 같은 몸살!
물끄러미 바라보면 부엌문 앞에
투명한 작은 공 한 개처럼 맺힌 것.
어쩌면 내 몸에서 나 몰래 나온 것일지도 몰라.
어쩌면 하늘에서 내 부엌까지 내려온 걸까?

나 태어나기 전 너무 가벼워 구천을 날던 그것,
나 데려가려고 다시 온 그것?
세상에서 제일 가벼운
하늘강아지.

또 눈앞을 퍼뜩
지나가네.

나이 든 여자

나나는 침대에 심겨진 한 그루 나무
제 몸을 한번에 다 훑어볼 수도 없을 만큼 큰 나무
기다리던 첫 나비 가느다란 두 발가락
입술 주름 사이 간지럽혀도
손가락으로 문지를 수도, 몸을 뒤척일 수도 없는 나무

허리가 너무 굵어 저 혼자선 엎드릴 수도
바로 누울 수도 없을 거야
누가 와서 팬티도 갈아입혀줘야 하고
기저귀도 갈아줘야 하지만
괜찮아요 입술에 연필이나 끼워주세요 하는 나나는 한 그루 큰 나무
질투하고 그리워할 수는 있어도 전화 한 통 걸 수는 없는 나나
나나의 옆구리를 긁으면 큰 고목나무 두꺼운 껍질 긁는 느낌!

두 눈을 꼭 감고 제 몸을 조그맣게 구부려
침대 밑으로, 하수구 밑으로, 지구 밖으로
소용돌이치며 배수구 빠져 나가는 공상을 제일 좋아하지만
저 혼자 죽으러 갈 수도 없는 나나는 한 그루 나무

첫 잎 돋기 전 울먹일 때 그 신음 냄새 정말 요란해서
아무도 고개 들고 그 옆을 못 지나는
개들도 그 아래선 한쪽 다리 들고 오줌을 싸고 가는
나나나는 한 그루 나무

첫 꽃 피우기 전 울먹일 때 그 슬픔 냄새
또 얼마나 요란한지 식구들 약사발 들고
문밖에서 콧구멍 싸쥐는
나나나나는 한 그루 큰 나무

쌍비읍 징그러워

 쌍비읍 징그러워 못 살아. 아빠오빠 징그러워 못 살아. 꾹 짜서 꿀 받아먹어라. 아빠가 보내주신 선물, 벌집 뚜껑을 여니 육각형 구멍마다 들어찬 벌의 유충들 굼실굼실. 아아아아 쌍비읍 구멍마다 들어찬 아빠오빠 유충들 보이는 것 같아. 갓 결혼한 제자 둘이 남편들을 데리고 나타나서는 한 사람은 제 남편을 오빠라 하고, 한 사람은 제 남편을 아빠라 부르니, 나는 그만 징그러워. 얘들아 촌수 시끄러워 나 먼저 간다, 할 수밖에 없었어. 나는 쌍비읍 무서워서 기뻐 예뻐도 말하기 싫어. 그저 기분이 좋아요! 좋아요! 손뼉은 치지 않지만 허공은 깨물어. 나는 아마 날마다 웃음을 매달고 살아야 왕국이 평안한 실없는 공주가 봐. 나는 쌍비읍 싫어서 빨래도 싫어. 세탁기는 윙윙 돌아가고, 방망이는 옷 위로 철퍼덕철퍼덕 떨어지고, 엄마의 비명이 세탁기 속으로 빨려 들어가고, 엄마가 세탁기 속에서 이쁜 아가들을 끄집어내어 바닥에 팽개치는 꿈. 그 꿈꿀 때마다 나는 그만 젖은 빨래 같은 아기를 배고 있는 기분이야. 한참 있다가 이쁜 오빠랑 이혼한 제자가 찾아와서는 선생님 이혼하고 정신병원 갔다 왔어요. 오빠가 자꾸 때려서 이혼했는데, 이혼하고 나니까 분열증 생겨서 이번엔 幻視의 오빠한테 맞느라 하루 24시간 비명을 질렀어요. 잠도 안 자고 먹지도 않고 맞기만 했어요. 나 쌍비읍 너무 싫어. 아빠오빠 부를 때마다 마치 벽이 다 부서져 바닥에 가득 쌓인 앙코르 와트 폐허 앞에 서 있는 것처럼 숨이 가빠. 화상 입은 상처에 검은 깨 뿌린 것보다 더 징그러운 쌍비읍. 내 두 눈동자를 넣고 다물어버린 입속처럼 깜깜한 쌍비읍. 아빠나빠오빠가빠, 뽀뽀보다 더 숨 막히는 쌍비읍.

　내 창문 앞에는 환하게 불 켠 아파트 나무 한 그루
　　밤이면 아파트 계단으로 세탁기 속 빨래처럼 빨려 들어가는 사람들
　아파트나무에는 수천 개의 입술이 달렸네
　그 입술마다 냄새나는 이빨이 몇십 개씩 숨어 있네
　아파트나무 사시나무처럼 떨며 노래하네

아파트나무에는 수천 개의 귓바퀴가 달렸네
귓바퀴 속에는 냄새나는 모음으로 만든 비명들 가득 곪아 있네
저 아파트나무의 마개를 빼지 마세요
마개를 빼면 불 켠 방마다 눈물에 젖어 돌아가던 빨래들 사시나무 낙엽처럼
쏟아져 내리면 어떡해요

따귀새

이국의 식당 화장실에서
어른 여자가 아이 여자의 뺨을 때리고 있다
벗어! 벗어! 여자는 젖은 팬티를 벗기려 하고
아이는 필사적으로 벗지 않으려 한다

저 멀리 단상에 서 있다가 달려와
내 뺨을 갈긴 교련 선생 생각난다
그다음부터 나는 단상에 선 모든 사람을 경멸한다

그 날쌘 손바닥이 아이에게 입을 다물라 했나 보다
소금 한 알 한 알이 땀샘을 통해 솟아나오려 하는지
아이의 얼굴이 우박 맞은 지뢰밭처럼 꿈틀거린다
소금보다 차라리 피를 흘리는 게 나을 거야
세면대에서 손을 씻던 나는 갑자기
내 뺨에 얹혀지던 모든 손바닥들을 다 기억해낸다
뺨 맞은 아이들이 나를 빙 둘러서는 것 같다

내 통통한 가슴 내 따뜻한 배

내 깊은 배꼽 내 잠자는 장미
에 소금이 뿌려지고
붉은 피는 갇혀서 돌고돌고돌고 돌기만 하고
석 달 열흘 우박이 쏟아지고 내가 그 우박 맞고
훔쳤지? 네가 감췄지? 뺨 위로 떨어지던 손바닥
말해! 말해! 말해! 처넣을 거야!
내 얼굴에서 소금들이 굴러 떨어지고

내 앞으로 세상에서 제일 오래된
산서성 67미터짜리 목탑 하나 떠오른다
수십만 마리 제비 떼가 꺽다리 목탑을 에워싸고
변발한 오랑캐들처럼 비명을 질러대며 따귀를 갈
기던
그 갈기는 자들의 날갯소리 십 리 밖에서도 시퍼렇던

창밖에서 나무들이 붉은 얼굴에
붉은 손바닥을 주렁주렁 매달고 솟아오른다
무성한 가지 사이로 따귀새들 푸드덕푸드덕 날아

오른다
  그리하여 가을 오면 내 뺨을 갈기던 저 손바닥들
  모두 저세상으로 보내주리라 그렇게
  입 꽉 다물고 안경 벗어! 생각하는데

  사타구니와 겨드랑이에 주둥이 크게 벌린 제비 새끼들 촘촘히 박고 옆으로 기울어져선
  몸 안에 얼굴 패이고 허벅지 살점 부서져 내린 채
  빙 둘러앉은 부처들 품고
  몇십만 개 날개에 양 뺨 정신없이 두들겨 맞던 목탑 하나
  검은 토네이도처럼 시커멓게
  파란 하늘에 매 맞는 소리 가득하던
  세상에서 제일 오래된 목탑 하나 생각난다

당신의 눈물

당신이 나를 스쳐보던 그 시선
그 시선이 멈추었던 그 순간
거기 나 영원히 있고 싶어
물끄러미
물
꾸러미
당신 것인 줄 알았는데
알고 보니 내 것인
물 한 꾸러미
그 속에서 헤엄치고 싶어
잠들면 내 가슴을 헤적이던
물의 나라
그곳으로 잠겨서 가고 싶어
당신 시선의 줄에 매달려 가는
조그만 어항이고 싶어

노래주스

 귀신 때문에 못 살아 남편은 괜찮다지만 나는 못 살아 마루 틈에서 귀신이 올라오면 남편은 귀신 몸을 슥슥 잘도 통과해 다니지만 나는 귀신 피하느라 거실에선 걸어다니지도 못해 거실에 붙은 부엌으로 나가지도 못해

 神님 神님 이 집에서 나가주세요 아침마다 빌어보지만 식탁이 덜컹 냉장고가 찌르르르 식탁 의자가 벌렁 나는 정말 못 살겠어 방학하니까 더 못 살겠어

 우리 집엔 스피커가 여섯 개 남편 방에 두 개 딸 방에 두 개 내 방에 두 개 방마다 다른 노래 세 개의 방문은 좀체 열리지 않고 세 개의 방에선 각기 다른 음악

 수도꼭지귀신 화분관음죽귀신 가스불푸른머리귀신 냉장고얼음귀신 이름없는귀신이름있는귀신 우리엄마날낳은날귀신 나엄마된날귀신 나할머니되었던먼옛날

귀신 귀신들의 한숨이 낮잠 든 나를 갉아먹어 이것 좀 봐 이것 좀 읽어봐 내 얼굴에 새겨진 귀신들의 이름

　다락에 숨겨놓은 애인처럼 달라는 것도 많아 오히려 죽어서 죽음에 굶주린 것들의 이름이 귀신일까 사랑해달라고, 사랑해달라고 관음죽 시퍼런 눈길이 내 머리채를 낚아채네 이 세상에서 제일 사랑에 굶주린 것들이 귀신일 거야 내 등에 업혀서는 나보고 이 집에서 나가! 그러네 이렇게 무거운 바람은 처음이야 귀신을 업으면 슬픈 음악처럼 내가 흐느껴 내 넓적다리가 흐느끼고 내 어깨가 흐느끼고 내 갈비뼈가 흐느껴 내가 귀신에 업히면 내 스피커에서 노래가 나와

　우리 집엔 스피커가 여섯 개 내 스피커에선 귀신의 노래 나도 모르게 저절로 나오는 노래

눈물농사

 여러 날 꿈속에 얼음공주가 나타났어요. 그러다 생시에도 얼음공주를 물끄러미 바라보게 되었지요. 저 눈 덮인 높은 산맥 어느 봉우리에 얼음공주가 살고 있었어요. 그녀는 메아리시녀들을 거느리고 살았지요. 메아리시녀들은 아무도 그곳에 가까이 오지 못하게 했죠. 야호가 오면 야호시녀가 야호를 돌려보내고, 만세가 오면 만세시녀가 만세를 돌려보냈지요. 쿵이 오면 쿵시녀가 쿵을 얼음 덩어리 속에 감추었지요. 두 뺨에 거대한 촛농처럼 눈물을 매단 얼음공주를 본 적이 있나요? 얼음공주가 그곳에서 눈물농사 짓는단 얘기 들어본 적 있나요? 얼음공주가 힘껏 울면 6월이고요, 얼음공주가 눈물을 그치면 10월이에요. 공주가 눈물 그치면 사람들은 움막 밖으로 한 발자국도 나오지 않고요, 짐승들도 제 우리에 웅크리고 옴마니반메훔 옴마니반메훔 그러고만 있어요. 길인지 자갈밭인지는 아무도 돌아다니지 않아요. 그러다 6월이 오면 메아리시녀들이 곡간 문 열어요. 그러면 눈물이 바위산 아래로 큰 강물 이루어 흘러내려요.

양 떼를 몰고 사람들은 그 흐르는 눈물 곁으로 이사 가고요. 바위산 계곡 곁엔 초록색 부채처럼 생긴 땅이 나타나지요. 저 아래 제일 낮은 사막에선 오아시스가 넘친대요. 그러면 눈물방울 알알이 청보리 농사 짓는 사람들이 검은흙 맨발로 밟아요. 겨우내 바싹 마른 당나귀들이 목욕도 하지요. 돌산 드문드문 노랗게 유채꽃이 피고요, 깊은 산들은 세찬 눈물폭포 천 개씩 매달아 소리소리 질러요. 큰 짐승들은 우리에서 나와 멀리멀리 여행을 떠나요. 그러면 그럴수록 얼음공주는 세차게 울어요. 어찌나 세차게 우는지 공주의 머리카락이 모두 빠질 정도래요. 두 눈이 눈꺼풀도, 눈썹도 없이 맺혔다가 떠내려가버려요. 희디흰 귓속 검디검은 고막은 하늘 높이, 아주 높이 떠버려서 그 때문에 하늘은 더 검푸르러진대요. 그때가 바로 얼음공주가 쫓겨날 때예요. 공주의 거처까지 올라서 몸속의 피만 남기고 몽땅 얼어붙었다가 겨우 살아나온 사람이 그러는데, 그곳에서 희디흰 눈물 다 쏟아낸 뒤 온몸 뭉그러진 얼음공주가 뒤뚱뒤뚱 쫓겨나는 걸 본

적이 있다나 봐요. 공주의 걸음걸음 검은 피 쏟아져 돌무더기 꺼멓게 물들더래요. 그 사람은 공주를 본 벌로 두 눈을 몽땅 잃었어요. 내가 처음 눈 덮인 산맥 아래서 그녀가 우는 소릴 들었을 땐 그만 정신이 아득했어요. 천 년을 산다고 해도 가슴을 떠나지 않을 처참한 울음소리. 스산하고 쓰라린 표정을 그곳에서 만나게 된 이후, 나는 그만 차디찬 눈물 쏟는 얼음공주를 생시에도 물끄러미 바라보게 되었지요. 공주의 눈물 천 바가지 만 바가지 마시고 싶을 만큼 매일 매일 갈증이 나네요.

붉은 노을

   1

바닥에 희고 장대한 부조가 펼쳐진다
비행기에서 내려다본 에베레스트다
누군가 걸어놓은 그림 위를 날아가는 것 같다
어차피 지구의 모든 산과 바다, 들판과 도시는 모두 부조다
누구도 이 부조 위를 떠나지 못한다
붉은 털쥐 한 마리가 종일토록 희디흰
부조 위를 맴돈다 누굴 찾고 있는가 보다

   2

흰 욕조 속에 한 여자가 앉아 있다 여자가 운다 여자의 몸에서 붉은 반점이 피어오른다 물을 끼얹어도 소용없고 욕조에 찬물을 부어도 소용없다 나중엔 욕조에마저 붉은 반점이 돋는다 희디흰 욕조와 한 몸이

된 여자, 욕조에서도 여자의 몸에서도 붉은 꽃들이 끈적끈적 피어난다 나중엔 목욕탕 백색 타일 가득 붉은 반점이 돋는다

3

비행기에서 어린 여자가 늙은 여자에게 말한다
우주의 한 변방인 이 지구에서 돌 사이에 떨어진
곡식이나 주워 먹는 미미한 존재같이 느껴져
늙은 여자가 대답한다
그 곡식이 붉은 피가 된다니 안 아플 수가 있겠어?
거지 같애
어린 여자도
거지 같애
다 함께
거지 같애
거지 같애

4

내 두개골 천장에는 흰 구름 엉긴 부조
공중에 흘러가는 희디흰 부조를 향해 총을 쏴라
시곗바늘이 월경 주머니를 쏠 때처럼 시간 맞춰 쏴라
부조 안에 숨은 붉은 털쥐가 터진다
누워서 총질하는 두 여자의 눈썹 위로
붉은 연못이 흘러내린다
부조와 부조 사이에 끼인 인생이
피를 흠뻑 맞는다

5

땅이 아파 나는 못 걷겠네
하늘이 아파 나는 숨도 못 쉬겠네

몸속을 도는 피가 아파
나는 못 살겠네

lady cine

여배우는 어떡하나
극장 문 닫히고 불 다 꺼지면 어떡하나
저 영화 속에 덩그러니 혼자 남겨지면 어떡하나
영화는 끝났는데 나는 자리에서 일어날 줄 모르네
지구를 도는 노래 속에 몸을 맡긴 것처럼 내려올 줄 모르는 그녀
무서워! 하고 소리치면
무서워의 그 위에서 워 워 워 시작하는 끔찍한 노래
팬텀레이디처럼
눈을 모로 뜨고 밤늦도록 지어낸 얘기 들려주더니
내일인지 어제인지 모르는 그곳
저 노래의 메아리에 갇혀버린
저 여배우를 혼자 두면 어떡하나
이제 모두 나갈 채비를 하고 우산을 집어 드는데
영화관 밑에 그 밑에 하수구 속에 서식하는
서울쥐의 집으로 가야 하나 어떡하나
나는 노래의 최면에 걸린 것 같아요
최면술사의 손가락 끝에 시달려

여기 이렇게 스크린 장막 위를 떠돌아요
말하던 저 여배우는 어떡하나
침대에서 일어나 담배를 피면서
스크린 장막을 지지는 그녀
그믐밤 드문드문 켜진 가로등 같은
환한 구멍이 스크린 장막 위에 켜지고
종당엔 제 얼굴을 지지고 마는 그녀
그러나 저 여배우가 건 전화는
마루 밑에 사는 쥐엄마가 받네
수화기를 내리고 쥐엄마가 말하네
밥 다 먹으면 자러 갈 인간들이야
조금만 기다리면 저 여자는 우리 차지
지금 영화는 어떤 트랙을 돌고 있는지
전당포에 맡긴 물건처럼 몸을 저당 잡힌 그녀
영화 공장 사람들의 너무 환한 조명 탓인지
머리가 돈 사람들이 쏟아져 들어오는 스크린
담배 연기와 은색 조명판과 감독의 욕설은 감추어져 있고

그녀는 코를 싸쥐지만
나는 그 냄새를 모르네
혹시 나를 알면 말해주실래요?
그녀는 칼을 집어 들고 옆에 누운 사람을 찌르려다
내 눈을 찌르네 살려주세요! 내 전화는
쥐새끼네 집으로 가네 아니면 인디아로 가네
매일 매일 알만 낳는 여왕개미네 집으로 가네
제발 나를 움켜줘요 이 터진 꿈을 지워줘요
빵꾸난 꿈 빵꾸난 내 눈알 빵꾸난 밤거리
그녀가 거는 방 안을 태우는 수신자 부담 전화
어쩌다 삶은 계란 같은 저 희디흰 껍질에 갇힌 것일까
나는 영영 희디흰 스크린 밖으로 나가지 못하네

히말라야 가라사대

 보아라 심해어들이다
 저들은 일평생 발이 땅에 붙어 떨어지지 않는다
 저들에게 태어난다는 것은 깊이 빠지는 것이다
 바닥까지 일평생 떨어져가는 것이다

 보아라 심해어들이다
 판화 속에 새겨진 것처럼 바닥에 들러붙은 저 몸들을 보아라
 저들은 어둡다 몸에서 빛 한 방울 새어 나오지 않는다
 외로움으로 뭉쳐진 저 어둔 덩어리들을 보아라
 수압이 끔찍한가 보다
 배낭을 지고 올라오는 저 여자
 헐떡거리는 입술이 다물어질 줄 모른다

 보아라 나는 저 심해에서 반지를 잃었다
 유성이 떨어져 심해를 친다
 깊고 깊은 물속에 내 눈발들은 닿지도 못한다

수면 위에 떠오른 내 마음이 파닥거린다
한번 흘러간 것은 돌아오지 않는다고 저들은 말한다

보아라 수평선 아래 저 멀리
배낭을 메고 여자가 올라온다
붉은 노을이 그림을 그리는 여자의 흰 바지
피의 파도가 그녀의 안팎에서 철썩댄다
심해어들은 죽어서야 발이 땅에서 떨어진다

연금술

내 앞에 줄줄이 흘러내리는 이 달빛을
무쇠 가마솥에 부어 한밤내 엿처럼 고아보자
그런 다음 돌처럼 굳은 그것을 들고 가서
당신의 방문 열쇠 구멍에 딱 들어맞는 쇠붙인가 시험해보자

내 눈앞으로 줄줄이 달려온 저 산맥을 들어
대장간 가져가서 몇 날 며칠 담금질해보자
그런 다음 새끼손가락만 하게 졸아든 그것을 들고 가서
당신의 방문 열쇠 구멍에 딱 맞는 능선인가 시험해보자

쌍계사 일주문 앞에서 땅바닥에
녹슨 못 땅땅 박으며 울지만 말고
햇빛이 몇억 년 고았다는
열쇠 같은 저 초승달이나 쳐다보자

고양이

잠자리에 들기 전 양말 벗는데
오늘 디딘 내 발자국 하나에 쥐 한 마리씩
저 멀리서부터 줄줄이 달려오더니
통통 살이 오른 것들이
제 몸 먹어라 먹어라 하네요
나는 배불러 숨 쉬기조차 어려운데
저것들 다 먹어야 잠들 수 있다니
채찍을 든 홀쭉이 하나님이 침상에 앉아 기다리네요
혓바닥처럼 갈라지는 불길 같은 성스러운 영혼을 주세요!
하였더니 댕기머리 쥐떼를 군대처럼 보내주었네요
이미 내 몸속엔 세 들어 사는 쥐들 수없이 많고 많은데
어미 쥐 뱃속에서 지금 막 튀어나와
내일이면 어미가 되는 쥐들까지 정말 많은데
이대 삼대 사대 오대 수두룩 불룩 불룩하고
새끼를 낳다가도 잡아먹고
잡아먹다가도 낳느라 살판났는데

그런데도 먹어라 또 먹어라 하네요
내 몸 한 채 가득 팽팽히 차오르는 쥐떼
정말 나는 솔방울 가득 매단 소나무보다 무거워 죽겠어요
너 오늘 더러운 발 어디다 내밀었니?
너 어디를 그렇게 싸돌아다니다 왔니?
나 쌀 서 말 다 찧어놓고
밑 빠진 항아리에 물 다 길어 부었는데
늦었다 늦었다 깜깜한 쥐떼 삼켜야 한다네요
쥐! 쥐! 쥐! 쥐! 쥐! 쥐! 채찍은 자꾸만 내 머리에 떨어지고
나는 그만 침상 위로 쾅! 쓰러지는 소나무 될래요
그런데도 나는 아직 깨어 있어요 눈을 세모꼴로 뜨고는
목구멍 속으로 쥐 한 마리 쥐 두 마리
자꾸만 삼키고 있어요 세상은 세상에서
먹이를 찾던 것들을 모두 먹어치웠다는데
나는 아직 쥐 세 마리 쥐 네 마리
내 몸을 찢었다 붙였다 이 밤이 새도록 먹고 있어요

누란

아무도 기억하지 않고 아무도 말하지 않는 나라
그 이름 무엇이었는지 궁금하지도 않는 나라
그런 나라가 있었어요
고아로 자라다 일찍 결혼했지만
아이도 낳기 전에 죽어서
이제 아무도 기억하지 않게 된 고등학교 동창생처럼
어제에도 내일에도 없는 나라
그런 나라가 아시아에 있었어요 했더니
그럼 너는 눈 내리는 거 처음 보겠구나 하면서
하늘에서 내려오는 눈 가지고 생색을 내던
외국 여자 시인을 만난 적도 있어요
그 나라는 하얀 눈에 덮여 사라진걸요!
눈 녹고 나니 아무도 없었어요! 농담했더니
그럼 아시아가 아니잖아? 하면서
아시아엔 겨울이 없는 줄 알던 파란눈의 그녀
혀끝에 녹는 하얀 눈 한 점처럼
사랑하는 사람의 어깨 위에 매달려 있던 흰 머리카락 한 올처럼

그렇게 사라진 나라

아기가 태어나서 그 아이가 어른이 되기 전에 사라져버려도

아무도 기억해주지 않는 나라

올빼미와 발광해파리의 눈 속에 잠깐 머물다 사라진 사람이 되고 싶다면

그 나라에 태어나면 좋을 거예요

그 나라 사람들은 제 눈으로 본 것도 믿지 않아요

겨울 문지방 위에 올려놓고 들여다보던 李箱 씨가 돋보기로 태워버렸는지

책상 위에 올려놓고 현미경으로 들여다보아도

등불을 들고 두리번거려도 쾅쾅쾅 두드릴 문조차 찾을 수 없는 나라

아침이면 이불 털고 일어나 햇빛 속으로 쏟아져 나갔다가

저녁이면 환하게 불 켜고 밥 차려놓고 기다려도 돌아오지 않던 사람들

다 어디로 가버렸는지

도무지 찾을 수 없는 나라
우표를 붙여서 편지를 보내면 수취인 거절이라고 도장 찍혀서 반송되는 나라
너 정말 그럴 거니? 나 죽어도 그럴 거야? 협박해도 꿈쩍도 않는 나라
그런 나라가 있었을까 이제는 나마저도 의심하는 나라
깊은 바다 속에 살다가 사라져간
우리가 모르는 종족처럼
아무도 그 나라의 탄생과 죽음을 말하지 않는 나라
지도의 뒷장 속에 그런 엄혹한 나라가 숨어 있었어요

에미애비

입속의 혀도 거추장스러운 날
내 발가락도 발톱도 심하게 역겨운 날
내 몸에서 나는 냄새를 맡으면서 혼자 노는 날
내 몸 버리는 날을 생각해본다

바라나시의 노인들이
강 건너 화장터의 불꽃을
목마른 듯 바라본다
그들은 화장터 곁에 월세방을 얻었다
노인의 주머니 속엔 자신을 태울 장작
값이 들어 있고
노인은 오늘도 굶는다 그 돈을 쓸 수는 없다

우리의 몸은 터널 같아서 누구와도 나눌 수가 없다
다만 저 끝에
붉은 저 혀가 기다리고 있을 뿐
잠시 공중에 머무는 단백질 타는 냄새

티베트의 노인들은 연습한다
날마다 죽음나라의 구구단을 외우며 연습한다
죽음이 데리러 왔을 때
날카롭게 쭉 뻗은 빛을 타고 나아가다가
튼튼한 새어미 자궁에 올라타는 법을

삼예사원 천장터의 노인이
독수리들을 입맛 다시며 바라본다
라마승의 희디흰 앞치마를 흰 구름인 듯 우러른다
라마승의 도끼를 자신의 몸을 요리해줄 요리사의
칼인 양
 일식당 도마 위의 도미처럼 그윽한 눈으로 바라본다
그들은 천장터 곁에서 유리걸식한다

오 푸주한이여! 이 고깃덩어리를!
이 냄새나는 버터의 눈물을!
라마승이 도끼를 내리치자
앞치마에 퍽하고 튀어오르는 피

아이들은 젖퉁이에 붙어 있을 때만 에미애비를 부른다
 아이들은 자라서 에미애비를 자른다 태운다 짓이긴다

 지독하고 처절한 엿!
 엿 같은 터널!
 발아래 터널같이 끝끝내 고독인 내 몸!
 도마 위에 드러누운 냄새나는 단백질 한 구!

장마

귀신들은 언제나 투덜투덜, 그래요
그중에서도 억울하게 죽은 여자들이 제일 시끄럽죠
미친 귀신은 의외로 추적추적 조용하게 오고요
첫사랑에 빠진 여자 귀신은 조금 무섭게 오죠
머리칼에 번개가 붙어 오니까요

호수는 그렇게 세게 두들기면 안 돼요
두들긴 자리마다 핏물이 올라와요

입에서 지렁이가 나오는 저 여자
너무 두들기진 마세요
매일 매일 두들겨 맞으니까 입에서
지렁이가 한 가마니 두 가마니 쏟아지잖아요
나중엔 제 내장까지 꺼이꺼이 다 토하고
빈 몸으로 뭉개지네요
냄새 한번 요란하네요

숲 속에서 죽은 귀신에게 당해보았나요?

입속에서 한없이 뻗어나오는 넝쿨을 꺼내
넝쿨마다 푸른 혓바닥 주렁주렁 매달아
그 혀들이 밤새도록 떠들더라니까요
귀신들은 참 질기게 시끄러워요
갔다가 돌아오고 쫓아내도 찾아오고
제삿날 온 집 안에 퍼지는 연기처럼
투덜투덜 침방울 천지에 튀긴다니까요

호수가 수천 개의 입을 벌려 떠들기 시작했어요
이제 누가 저 벌건 입들을 틀어막지요?
아이구 천지 사방이 호수네요 벌겋네요

모두 밥

칼날이 번쩍 들리고
말랑말랑한 몸이
내 몸 위에서 잘렸어
싱싱한 살이 내 몸 위에서 저며졌어
내 살갗에 핏물 번지고
무수한 칼금 지나갔지만 죽지는 않아 벌벌 떨면서
해나면 해바라기 하고 바람 불면 바람바라기 하는
노인처럼
빗물에 눈물 씻어 보내는 가출 소녀처럼
핏물을 씻었어
도마처럼

들어 올린 팔은 모두 불길을 닮았지
나무도 그랬고 항복도 만세도 그랬지
그 불꽃나무 팔목들 위에 솥 걸어
밥 짓고 국 끓였어
학교 가면 아이들 다 어디 가고
빈 교탁 위에다 출석부 펴놓고

먹는 것이 남는 것이라고
꾸역꾸역 퍼넣다 입천장 데었어
눈앞에 어른거리는 얼굴들 손안에 뭉쳐 쥐고
세차게 반죽해서 수제비 끓였어
아무것도 모르는 밥솥처럼

나 그 시절 지나 많이 살았지만
아직도 그것들 부엌에 가득해
지옥의 양기가 도마를 감싸고
유령들 냄새가 밥솥을 떠돌아
세상에서 부엌들이 모두 사라졌으면 좋겠어
라고 생각한 적도 있었어
산천에선 초목 대신 도마들이 자라나고
교실에선 학생 대신 밀가루 덩이들이 태어나던 시절

(그 시절 얘기 좀 하지 마 볼륨 좀 줄여)

가슴을 에는 손길처럼

어느 神檀樹의 가을에서 떨어져 나온 이파리인가
서울 사람 천만 명에 두 개씩 이천만 개가 바스락거린다
어디엔가 다시 붙어보려고 일 초도 쉬지 않고 바스락거린다

군악대가 지나간다 낙엽 지는 거리를 지나간다
날라리 하나에 손바닥 두 개 붉은 손가락 열 개
어디에 가 다시 붙어보려는지 쉼 없이 꼼지락거린다

버려진 것들끼리 잠시 만나면 서로 맞잡고
흔들어보기도 하지만 서로 잎맥이 닿아 부스러질세라
화들짝 놀라 금세 떨어진다

버려진 것들이여 땡볕의 쥐 두 마리처럼
갈 곳 몰라 하는 허둥이여
한 번도 쉬지 않고 움직여야 하는 태생적 가난이여

언젠간 모두 날라리 던져놓고
어딘가로 불려갈 적막의 운명이여

가을바람 스산하게 불고 소매 끝에 붙은 두 장의 낙엽이
잘도 오그라붙는다 그러다 보통이 놓치고, 바람에 뺨을 두들겨 맞는다

불쌍한 갈고리처럼 침상 위에 놓인 당신의 다섯 손가락
가슴을 에는 손길을 내가 한 마리 쥐처럼 쪽쪽 갉아준다

저녁이 되자 하루 종일 쓸어 모은 손 두 가마니를
청소부 아저씨가 싣고 간다 그 수레를 미는 두 장의 이파리도 멀어져간다

바다 젤리

엄마, 여러 나라 각 지방의 젤리 맛은 모두 달라
퐁피두 센터 매점에서 파는 젤리는 시큼하고
자금성 앞에서 파는 젤리는 푸석거려
설탕도 얼마나 두껍게 발라져 있다구
서울에서 사 먹은 젤리는 플라스틱처럼 질겼어

엄마, 요즘 여기서 내 시간은 차가운 젤리 같애
 달콤하기도 하고, 차갑기도 하고, 내가 그 속을 느
리게 지나가

동해 바다 곁 친정집 가서 바닷가에 차를 대고
내려다보니 밤바다가 젤리다
우리나라 육지 삼면을 바다가
자궁벽을 둘러싼 윤활유처럼 둘러싸고 있구나
하는 생각이 절로 든다
늘 속이 나쁜 나는 밤바다를 향하여
침을 퉤퉤 뱉다 말고
왜 사람 몸에서 나온 건 다 끈적거릴까 생각해본다

조금 있다 보니 내가 아는 무당이 넋 건지기 굿 한다고
흰 종이배 만들어 두 손에 들고 절벽을 내려가고 있다

달이 자궁벽에서 아기 머리처럼 치솟아오르자
달빛이 태반처럼 쏟아져 밤바다에 끈적거린다
무당은 바다 속에 든 넋을 바람 위에 건졌는지
깃대를 흔들며 절벽을 다시 올라온다
건져진 넋의 맛이 이름 모를 초록 젤리의 맛처럼 시디시다

그래, 시간은 사람의 몸에서 나오는 끈적거리는 건가 봐
엄마는 아스팔트 먹은 것처럼 토하고 싶은 맛!
새벽 다섯 시 비 내리는 시청 앞 광장의 침묵! 그 맛!
나는 딸에게 답장을 쓴다

비명생명

비명은 내 인생의 안내자
당신 덕분에 나는 아직 직립해 있어요
당신이 세차게 타오르면 나는 더욱 환해지고
당신이 더 세차게 타오르면 지나가던 사람이 나를 돌아보지요
내 몸은 밤으로 누수되어 들어온 대낮
아니면 꿈보다 더한 불면
나는 이 밤, 전류 당신에게
안부 전해요, 안녕 비명씨!
내 나날의 고통을 일용하게 먹여드릴게요

나는 당신을 떠날 줄 몰라요
나는 그 방법을 몰라요

당신으로 충전된 개구리가 밤새 울고
한껏 전기가 오른 억새 줄기들이
백금 색으로 타오르네요
입으로 불꽃을 튀기는 메뚜기들이 밤새

논 한 마지기 다 갉아먹네요

헐떡이는 고래 등에 올라탄 것처럼
번개 치는 하늘이 떴고
전기가 가득 오른 내 치마가
낙하산처럼 펴져요
저 머나먼 곳으로 날아가버려도
누구나 나를 다 쳐다볼 수 있을 거예요

내 몸속에 한 뭉치 비명이 없으면
나는 내 몸 밖을 내다보지도 못하겠지요
지금 이런 말, 하지도 못하겠지요
당신이 내 몸속 물기둥 분수처럼 끌어 올려
이렇게 세워두고, 나를 끌고 다니는 동안
나는 눈에 불 켜고 살아 있겠지요

사랑하는 비명씨, 내 입 안에 백 촉 전구가 탁 켜지고
그러면 나는 이 밤이 터지도록 아아아 고통에 찬

비명 삼키지요
　아아아 나는 아직 당신을 내보낼 줄 몰라서
　이렇게 어두운 밤에도 전기 오른 겨울나무처럼
발작!

신데렐라

당신과 나의 도시는 얼음으로 만들어졌지
얼음블록 위를 미끄러져 가는 얼음마차
휘이잉 솟아오르는 얼음말들의 눈부신 갈기털
얼음채찍 잘도 휘두르는 얼음마부들
오늘은 무도회의 날 얼음궁전에서 들려오는 얼음종소리
하늘에서 천사의 발가락들처럼 내려오는 얼음샹들리에

환하게 빛나는 푸르디푸른 얼음에 둘러싸인 나무들
얼음 속에 갇혀서 춤추며 돌아가는 내 사랑하는 얼음사나이
얼음육체 섞어서 사랑하고 애 낳고 춤도 추었지

우리가 만든 세상은 어린 아가의 상여 행렬처럼 푸르고
이곳 사람의 눈빛은 얼음방울로 만든 것처럼 눈멀어 깨끗하지

어디 한번 둘러봐 변압기 속처럼 추위로 만든 내 세상
겨울 물고기들의 조용한 얼음거실에서 끓어오르는 얼음주전자
아무도 여기 들어올 수는 없어, 오직 당신과 나뿐

그러나 조금만 방심하면 고드름같이
살을 파고드는 차디찬 저 계모들의 발톱
저 세상은 우리를 너무나도 사랑하는 척
이렇게 신선하게 보관했다가 플러그를 빼버리려나 봐
납같이 뜨거운 손바닥에 맞으면
피는 썩고 몸뚱이는 통나무처럼 넘어졌었지
마주 불어온 두 개의 찬바람처럼 거기선
서로의 몸을 쑤욱 뚫고 지나쳐가야만 했지

우리에게 미래는 없어 오직
얼음 속에 봉인해둔 서로의 얼굴만 생생하게 담겨 있을 뿐

우리의 품속에서 북극 남극이 반갑다 포옹하고
계단에 떨어져 얼어붙는 내 얼음슬리퍼

그러나 이제 돌아가야 할 시간 얼음닭이 길게 울었어
한없이 몸속에서 눈물이 솟구치는 저곳엔 정말 가기 싫어
저곳에 붉은 꽃 핀 자리는 내 가슴을 꿰맨 자리
나 더러운 그 자리 다시는 보기 싫어

한밤내 얼음닭을 죽였어 울지 마! 입을 틀어막았어
희디흰 털을 뽑아 공중에 날렸어
그러나 이제 얼음궁전에 희디흰 닭을 바치고 돌아갈 시간

탁자 위의 무정한 시간이 마지막 잔을 들어 쭈욱 들이켜버렸어
당신의 손바닥 위에서 마지막 남은 얼음 조각이 반

짝거렸어

  마차는 달리고, 마차에서 눈보라처럼 쏟아지는 울
음소리
  얼음구두가 녹고 얼음마차도 녹고
  채찍을 든 마부만 남았어
  마부가 물었어 "왜 자꾸 울어요? 재수 없게"

환한 방들

복사기가 일 초에 한 번씩
해바라기를 토해내고 있다
잠시 후 돌아보니 방 안 가득 해바라기 만발이다
어찌나 열심히 태양을 복사했던지
고개마다 획 젖혀진 해바라기 꽃밭
평생 늙지도 않는 소피아 로렌이 걸어나올 것 같다

나의 복사기, 네모나고 환한
상자 안으로 들어설 때마다
피라미드 투탕카멘에서 출토된 미라처럼
가슴에 품었던 검은 꽃다발을 공기 중에
산산이 흩으며 미소를 날린다
밥해서 먹이고 웃겨줘야 할 입들이 사는 방
외풍과 한숨이 들락날락하는 환한, 나의 방!

일 초에 한 번씩 불 켠 복사기가
내 몸을 밀었다 당겼다 할 때마다
들숨은 들어가고 날숨은 나온다

지하철 4호선 긴 의자에 앉은 내 얼굴이
복사된 얇은 종이가 벌써 수억만번째
희미한 빛 속에 가라앉고
원본은 어디 있는지 알지도 못하는 내 얼굴
이미 희미해질 대로 희미해진 내가
또 한 번의 출퇴근 궤도를 그리고 있다

집에 돌아오면 모멸이라는 이름의 비누로 얼굴을 씻고
마멸이라는 이름의 크림으로 얼굴을 지우고
오늘 밤 복사된 내가 철해진
스프링 노트를 힘껏 찢어버린다
과연 나는 내 몸에 살고 있는 걸까
마지막으로 복사되다 만 내 미소가 떠 있는
환한 방의 스위치를 내리면
복사기 네모난 상자도 어두워지고
내 몸도 棺 속처럼 어두워진다

달

그녀는 줄타기의 명수
차 마시고 싶어 하면
줄을 타고 찻잔을 달그락거리며 오고
밥 먹을 시간이야 그러면
밥상을 들고 위태위태 줄을 타고 온다
다른 길도 많은데 그러면
공중에 매달린 줄에 철봉할 때처럼 출렁
몸을 거꾸로 매달아 치마를 뒤집어쓰곤
그런 말 마세요 자매님, 이 줄은 동그랗죠
동그라미에 걸리면 밖으로 나가는 길은 없죠 그런다
달의 눈썹이 낙타 눈썹처럼 깜빡깜빡 오르내린다
그녀의 지붕에선 물이 새는지
천장에 물방울이 하나 둘 매달려 있고 바닥은 늘 홍건한데도
그녀는 목걸이에 매달린 진주알처럼 같은 궤도만 돌고 돈다
그녀의 마루엔 그녀가 흘린 찌개 국물 커피 국물 얼룩이

짓밟힌 꽃잎처럼 누렇게 번져 있고
시들어버린 꽃병에선 묘지 냄새가 난다
줄 위에서 자고 일어난 그녀의 한쪽 볼은 언제나 부어 있다

핑크박스

지금 막 도착한 핑크박스, 뚜껑이 열리길 기다리는 핑크박스, 이것을 껴안아보면 멀리서 온 것의 냄새가 나. 그러나 한번 몸을 들여놓으면 그 누구도 여기를 나가지는 못해. 아아 귀여운 핑크박스. 나의 첫 아기 핑크박스. 까꿍 핑크박스. 요람에 넣고 흔들어보고픈 핑크박스. (참고로 말하지만 하나님은 네모난 것은 만들 줄 몰라.)

포개진 핑크박스, 모두 잊고 싶어. 엄마도 잊고, 아빠도 잊고 싶어. 칼날처럼 누워서 복수만 꿈꿀 거야. 가슴을 아프게 당겨 올리는 젖몽오리 두 개 숨어 있는 핑크박스. 핑크박스에서 한 줄기 피가 흘러내렸어. 이 박스는 나보다 작아. 비좁아 죽겠어. 핑크박스엔 피 흘리는 핑크구멍. 플라스틱 테이프를 주욱 찢은 다음 핑크박스 안으로 빛을 비추면 죽어버릴 거야. 나는 병든 핑크박스, 밤낮으로 오직 핑크가 싫었어. 박스 바깥으로 말해봐야 소용없어. 박스의 말은 아무도 귀 기울여 듣지 않아. 쉬어라 먹어라 잊어라 종소리 울리는 박스. 먹먹한 칠판 밑에서 말하지도

듣지도 보지도 못하는 핑크박스. 학교에 가지 않으려면 아픈 핑크박스가 되어야 해. 저기 저 건너편의 고층 아파트를 들여다봐. 저마다의 박스에 비스듬히 누워 모두 같은 박스를 바라보고 있잖아.

 찌그러진 핑크박스, 사랑은 내가 태어날 때부터 내 몸속에 숨은 포로. 당신을 보지 못할 때마다 누군가 구석에 몰린 쥐처럼 핑크박스를 갉아 먹었어. 아무리 접어도 핑크박스인 핑크박스. 무엇이 들어 있냐고 물어봐야 소용없는 핑크박스. 당신이 오면 노래를 부르고, 떠다니고, 흘러넘치는 핑크박스가 될 거야. 비 오는 밤을 헤치고 나가는 거품을 문 핑크 빛 배가 될 거야. 이파리 무성한 나무를 가득 심은 채 망망대해 떠가는 핑크 빛 배 한 척이 될 거야. 그러나 이 삶은 오직 찢어진 구멍으로 엿보는 저 머나먼 것일 뿐, 나는 그저 빈 박스일 뿐. 찌그러져서 내팽개쳐진 핑크박스.

 펼쳐진 핑크박스, 늙은 누에처럼 소중한 글씨들은 다 뱉어냈어. 언제 이런 일이 벌어졌을까. 칠흑 같은 어둠 속에서 혼자 바다 위를 떠도는 나무판자처럼. 아무것도 없어. 빗줄기 얻어맞는 핑크박스. 지하보도에 깔리자 때 묻은 발가락들이 비집고 들어오는 핑크박스. 손 시리고 발 시린 핑크박스. 나는 언제 가라앉을까.

　떨어진 핑크박스, 던져진 핑크박스, 찢어진 핑크박스, 차라리 지평선을 끌어안는 게 낫지. 멀리 헤어져 껴안아볼 수도 없어. *더러운 핑크박스, 냄새나는 핑크박스, 구겨진 핑크박스, 흘러내리는 핑크박스, 뭐라고 뭐라고 이름이 적혀 있던 글씨도 이제는 알아보지 못하게 흐려진 핑크박스, 더러운 핑크, 낡은 핑크, 열린 구멍 핑크. 너덜거리는, 머리칼 늘어진 핑크. 카메라처럼 당신을 담았지만 필름 꺼내지자 아무것도 없는 핑크, 다시는 여기 돌아오지 못하게 해. 겨우 더러운 종이 주제에. 이 박스를 태워버려.*

돌이 '하다'

누가 간다고 하고 누가 온다고 하는가

땡볕 아래 계곡엔 자갈들이 가득하다

아무 데도 가지 못하고 꽉 움켜쥔 주먹들이 가득하다

서쪽 사원의 돋을새김들은 돌이 '한다'

돌벽에 등이 붙은 채 풍악을 울리고 전쟁을 한다

내 눈길이 닿으면 마치 처음인 것처럼 돌벽에 뒷통수를 묻고 교미한다

천 년째 돌들이 '한다'

겨드랑이에 털도 안 난 것들이 '한다'

그런데 누가 갔다고 하고 누가 올 거라고 하는가

주먹을 세게 쥐고 이를 악물면 돌이 되는가

밖으로 뻥 뚫린 내 두 눈알마저 돌이 되는가

이렇게 꽉 움켜쥐면 새벽은 차마 열리지 않게 되는가

조약돌을 하나 들어 올려 움켜쥔다

어두운 피에 젖어 가물거리다 떨어진 별똥별처럼 돌이 젖는다

한 줌의 돌이 억만 톤의 마취액처럼 몸속으로 쿵 떨어진다 이렇게 선 채로 돌이 되려는가

나는 이렇게 멀리 왔지만 아무 데도 가지 않았다

조약돌 들어 올린 자리에 발가락을 넣어본다

마치 사람의 갈비뼈 속 깊이 발을 넣은 것처럼 따뜻하다

 그런데 무엇이 온다고 하고 무엇이 간다고 하는가

 돌 썩는 냄새 이리도 요란한데

뱃속의 어항은 정말 처치 곤란이야

시간은 우리가 갖고 노는 조약돌이라고
「영원과 하루」 속에서 브루노 간츠는 말했어요

그 조약돌 자꾸 삼키면 뱃속에 어항을 만들 수도 있을까 내가 물으니 우리 중 가장 어린 여자가 말했어요

내가 아주 어렸을 때 우리 엄마는 바빴어요 아침 먹을 때밖엔 만나지 못했는데 밥상머리에서 언제나 하루 잔소릴 다 묶어서 했죠 숟가락으로 머리통을 탁탁 쥐어박으면서 그래 나는 밥 한 숟가락 푹 떠서 그 속에 든 조약돌 숨겨서 삼켰죠 그 조약돌 삼킬 땐 눈물하고 같이 삼켜야 그나마 넘어갔어요 안 그러면 목구멍 속에서 자꾸 치밀거든요 그러자 또 한 여자가 말했어요

뱃속에 어항을 만들려면 살아 있는 금붕어도 삼켜야 하는데 그건 정말 어렵다구요 억울한 심사 참을

때마다 숟가락 위에 펄떡거리는 금붕어 삼켰어요 밤 12시에 비빔밥 해 먹이고 숟가락으로 머리통 쥐어박히면 밥이 다 살아 있었어요 한 숟가락 뜰 때마다 밥알이 다 펄떡거려 눈 감고 먹었어요 정말 살아 있는 거 삼키는 건 조약돌 삼키기보다 더 힘들어요 내 뱃속 어항엔 물고기 반 눈물 반이에요 이 물고기들 분양 좀 해갈래요? 그러자 우리 중 가장 늙은 여자가 말했어요

 그것보다 더 힘든 건 어항 갖다버리는 거예요 나 어항 버리고 이 나라 멀리 떠나버리려고 이 사람 저 사람 어항 주겠다고 전화했더니 다 싫대요 심지어 어항 안고 이 카페 저 카페 장식용으로 어떠냐고 물으러 다녔다니까요 그러나 차마 길바닥에도 강바닥에도 쏟아버리진 못하겠더라구요

 지루한 영화 보고 나와 우리 세 여자는 뱃속의 어항을 어쩌지 못해

출렁출렁 부른 배를 싸안고 종로 거리를 걸어 내려 갔어요

세상의 모든 이야기

그 집에서 이름을 부르는 건 금기! 이름 대신 아빠엄마오빠동생 이렇게 불러야 했죠. *네 엄마 이름이 뭐니?* 하고 물으면 모두들 화들짝 놀랐죠. 그 집에선 제일 먼저 할머니가 사라졌죠. 안 그래도 정신이 자주 집을 나가더니, 몸마저 영영 돌아오지 않았어요. 그담엔 여동생이 사라졌죠. 이불을 동그랗게 말아놓고 온데간데없었어요. 아빠엄마삼촌이 백방으로 찾아다녔지만 천장에도 송전탑 위에도 여동생은 없었어요. 꿈속에서 만나려나 지붕 높이 안테나를 세웠지만 다시는 만날 수 없었어요. 그 오랜 잠적에 아빠엄마삼촌은 입술이 탔어요. 그담엔 삼촌이 물속으로 사라졌죠. 유서를 남겼지만 너무 추상적이라 아무도 이해할 수 없었어요. 그담엔 아빠. 여동생이 사라지자 술만 마시더니 말도 없이 사라져버렸어요. 소리 질러도 소용없고, 귀를 막아도 소용없었죠. 엄마는 울지도 않았죠. 사람들은 흉가라고 손가락질했죠. 그담엔 누구 차례일까요? 남동생이 오토바이를 타고 사라졌어요. *이 집에서 사라짐을 살 아 지 게 해주세요.* 엄마는 자기를 풀어, 목도리를 짜고 또 짰지만 자신마저 목도리 속으로 사라져버렸죠. 아빠엄마삼촌동생은 아마도 사라질 사람들에 붙이는 멋진 별명인가 봐요. 어쨌든 그 집에선 그렇게 다 사라져갔지만 아빠엄마삼촌동생은 영원히 사라지지 않았어요. 아이는 고모가 되고, 처녀는 새색시가 되고, 독자는 작가가 되었으니까요. 새아빠새엄마새삼촌새여동생이 새 목도리를 두르고 태어났으니까요. 그 집에선 대대로 이름을 부르는 건 금기! 숲 속에서 아빠엄마삼촌동생의 관을 짤 나무가 씩씩하게 자라고, 제재소는 씩씩 씩씩 그 나무를 다듬었죠. 그리고 옛날에 옛날에 오빠와 예쁜 여동생이 살고 있었는데, 소설가들은 책상에 엎드려 똑같은 이야기를 지치지도 않고 써내려갔죠.

목구멍이 촛대가 되었네요

 강기슭에 누워 기다리다 보면 내 차례가 돌아오네요, 강물이 내 몸을 씻기네요, 무심한 바람이 불어와 내 하얀 옷자락을 나부끼게 하네요, 눈물이 마르네요, 당신은 머리를 감고 흰 수건을 목에 두르고 있네요, 당신은 나를 불의 침상 위에 올리네요, 당신은 내 목구멍에 기름을 넣고, 심지를 꽂네요, 심지에 불을 붙이네요, 내 목구멍이 촛대가 되었네요, 내장이 밀납처럼 타오르네요, 초록색 불길이 입술 밖으로 솟네요, 내 벌어진 두 발이 침상 밖에서 추워, 추워, 소리를 지르네요, 당신은 짚 한 단을 내 가슴 위에 덮어주네요, 그 짚에 불을 붙이네요, 당신은 가끔 생각난 듯 꽃잎을 뿌려주네요, 향 막대기도 던져주네요, 당신이 내 다리 밑에 군불을 지피자 내가 전신으로 불길을 내뿜네요, 갈비뼈가 타오르네요, 모닥불 속에 허수아비를 던졌을 때처럼 내 근육들이 춤추네요, 나는 타오르다 말고 소리쳐 울기도 하네요, 벌떡 일어서기도 하네요, 나에게서 내 죽음이 태어나네요, 내가 온몸을 수축시켜 죽음을 분만 중이네요, 이제 일을 마친 내가 타오르는 내 알몸을 물끄러미 바라보기도 하네요. 불길이 죽음을 저 바람에게로 데려가네요. 당신은 재를 강물에 뿌리네요, 당신은 재를 한 움큼 들어 맛보기도 하네요. 재가 된 나는 맛이 없네요. 생각도 없네요. 하늘, 땅, 공기, 세 군데 이 세상 어디에도 재는 이제 속하지 않네요. 그 재가 한 가마니네요. 그 재가 두 가마니네요. 아이구 그 재가 열 가마니네요. 비루먹은 개가 한 마리 이제 저 하늘만큼 커져버린 내 눈알 하나를 물고 가도 당신은 강 물결만 바라보네요. 한 세숫대야의 물로 마지막 나마저 씻어내버리네요. 그러다 재 묻은 몸 씻으러 강가로 내려가네요.

  왜 꼬챙이로 허벅지를 들쑤시는 거야?
  왜 머리를 두드리는 거야?
  잘 타라구

화장실

어찌나 높이 솟아 있는지
서울이 싫어 죽을 지경인 늑대처럼
으르렁거리는 밤하늘의 침을 받을 수 있는 집
나는 한밤중 일어나 먹구름 속에 숨은 초승달 같은
두 눈을 번쩍 뜨고 화장실부터 간다
당연히 공중 높이 치솟은 화장실

오늘은 내 시집이 출간된 날
일평생 나를 빨아먹은 내 시들
레버를 당겨 시가 왔던 그곳으로
이름 없는 것들 우글대는 그곳으로
흘어 보낼 수 있다면

나는 산속에서 길 잃은 늑대처럼
구름들이 쏟아붓는 분노를 받고 싶다
높디높은 하늘에서 내려오느라
얼어붙은 침들을 목덜미에 맞고 싶다

엊저녁 잠들기 전 흘린 눈물은 어디로 갔는가
작년 이맘때 내 온몸을 휘감던 빗물은 어디로 갔는가
저녁마다 발톱 끝까지 감전시키던 두통은 어디로 갔는가
저 아래 지붕들마다 올라앉은 물탱크들이
밀봉된 우물처럼 골똘히 생각에 잠겨 있다.

서울의 벼랑에 매달려 나는 몸을 씻는다
솔을 들어 말끔히 몸속도 닦고 싶다

시집 출간일의 화장실이 부르르 떨고
콘크리트 속 배관들도 덩달아 부르르 떨고
이름 붙인 자의 이름은 여전히 더럽다

몸을 다 씻고 나오자 베란다 창밖엔
말을 배우기 이전의 내 혀가
침을 줄줄 흘리며 붙어 있다
내게 전해줄 슬픈 말을 평생 참은 것처럼

| 해설 |

나, 그녀, 당신, 그리고 첫

이 광 호

첫, 시집

 이것은 김혜순의 첫 시집이다. 세상의 모든 시집이 '유고 시집'이라는 한 시인의 말을 뒤집어, 세상의 모든 시집은 '첫 시집'이라고 말할 수 있다. 하지만 단지 이런 이유로, 김혜순의 첫 시집을 말하는 게 아니다. 어떤 시인에게 한 권의 시집은 하나의 세계 속에서의 자기 확인의 과정이 아니라, 결별과 탄생의 이행이다. 아홉 권의 김혜순의 시집은 그 단절적인 모험의 순간들을 아로 새기고 있다. 그것들을 관통하는 김혜순 고유의 실존적 목소리가 있다고 하더라도, 시인의 표현을 빌리면 그 실존의 실체는 '늘 순환하는, 그러나 같은 도형은 절대로 그리지 않는' 파동이다. 그리고 이 파동의 흔적들은 80년대 이후 한국 시에서 하나의 강력한 미학적 동력을 제공해왔다.

　김혜순이라는 이름은 하나의 '시학'이며, '김혜순 시학'은 하나의 공화국이다. 이 시학은 멈추지 않는 상상적 에너지로 자신을 비우고, 자기 몸으로부터 다른 몸들을 끊임없이 꺼내왔다. 그래서 '김혜순 시학'은 단지 여성시의 전범이라는 자리에 머물지 않았다. 끊임없이 사랑을 갈구하고 음모를 꾸미는 계모처럼, 두려움을 뚫고 집을 떠나 낯선 타인들의 세계에 몸을 던지려는 철없는 공주처럼, 그렇게 다른 시작의 순간들을 실행해왔다. 동시대의 여성 시인들이 김혜순 공화국의 시민이었으며, 특히 2000년대 젊은 시인들의 언술 방식과 김혜순 시학의 상관성은 보다 긴밀해 보인다. 독창적인 상상적 언술의 가능성을 극한으로 밀고 나간 김혜순 시학은, 언제나 자기 반복의 자리로부터 몸을 빼내 야반도주했다. 그 자리에 남은 것은 '움직이는 부재'의 흔적일 뿐. 그들이 경배한 '김혜순 공화국'의 자리에 김혜순은 없다.

　이렇게 해서 여기 김혜순의 첫 시집이 다시 태어났다. 이번 시집은 어린 소녀의 첫 비명과, 유령의 노래와, 다른 말을 배우는 이방인의 목소리로 웅성거린다. 그 '첫 말들'의 내용은 새로운 이미지의 탄생이 아니라, 다른 목소리의 발명이라고 부를 수 있는 차원이다. 특히 청각적인 것, 혹은 몸-리듬, 몸-소리의 재발견을 주목할 수 있다. 이것은 단지 음악적인 것의 영역이 아니라, 몸서리치는 파동으로서의 몸-언술의 움직임이다. 여기서 시인은 단지 노래하는 자가 아니라, 자기 몸의 깊은 곳에서 터져 나오는 신체의 음악을 듣는 자이다. 이런 맥락에서 '말하기/듣기' '쓰기/읽기'의 존재론적 우열은 무너진다.

특히 『한 잔의 붉은 거울』에서부터 본격적으로 나타나기 시작한, 이인칭 '당신'의 존재를 설정한 화법이 두드러진 것은 흥미로운 양상이다. 이것은 연애시의 화법을 재전유하면서, 시를 대화적인 문맥과 연극적인 무대 위로 단숨에 올려놓는다. 시가 '당신'을 향한 말이 되자, 시적 언술은 듣는 당신과 말하는 나의 이분법을 넘어서, 나를 통해 말하는 당신과 당신을 통해 말하는 나의 언어적 순환을 만들어낸다. 이 순환 아래서 시의 리듬은 당신의 시선과 나의 몸의 관계로부터, 나-당신의 몸의 근원적인 소통의 '가능성/불가능성,' 혹은 '(불)가능성'을 메타적으로 앓는 장이 된다. 이인칭의 세계에서 시의 몸은 그 빼앗긴 에로스의 주술성을 재문맥화한다. 그래서 김혜순의 시는 가장 첨예한 사랑 노래이다.

나

'당신'이 있기 전에 먼저 '나'가 있다고 말해야 할까? '나'는 서정시의 기원이면서, 김혜순 시학의 또 다른 출발

점이다. 일반적인 서정시에서 일인칭은 시적 주체의 인격적 동일성의 중요한 근원이 된다. 통일된 영혼의 목소리, 그 동일한 내면의 주관성이 포착한 하나의 '풍경'이야말로 일인칭의 시적 권위를 보장한다. 그런데 보자. 김혜순의 시에서 일인칭은 어떻게 '나'라는 자아의 감옥을 탈출하고 있는가? 그 안에서 어떻게 나의 감옥과 타자의 감옥을 부수고 나와 수많은 '나'를 게워내는가?

> 내가 풍경을 바라보는 줄 알았는데
> 풍경이 날 째려보고 있었다는 걸 안 순간 질겁했습니다
> 내가 성의 계단을 오를 때
> 내 시선의 높이가 변하면서 풍경이 다르게 보이는 줄 알았는데
> 줄곧 풍경이 눈빛을 바꿔서 날 바라보고 있었다는 걸 안 순간
> 뺨을 한 대 얻어맞은 듯했습니다
>
> 나에게 성을 안내해주겠다고 내 팔목을 잡아끌며
> 계단을 오르던 소녀가 갑자기 소리쳤습니다
> 낮잠 자다 깨어나니 수억만 남자들이
> 둘러싸고 한꺼번에 내려다보는 듯
> 우리는 갑자기 통해서 자지러지게 소리쳤습니다
> ─「풍경의 눈빛」부분

여기에서 시선과 풍경과의 관계는 재래적인 서정시의 시선 체계를 뒤집는다. 우선, 내가 풍경을 보는 것이 아니라, 풍경이 나를 "째려본다." 풍경이 나의 시선의 대상이 아니라, 내가 바로 풍경의 시선의 대상이다. "째려본다"라는 표현처럼 풍경이 나를 보는 것에는, 어떤 억압적인 힘이 작동한다. "질겁" "뺨을 한 대 얻어 맞은 듯"이라는 표현처럼 풍경의 시선은 내게 공포를 야기한다. 이 공포의 내용이 무엇일까? 실체를 알 수 없는 어떤 보이지 않는 거대한 시선의 주체를 감지한 공포?

그 공포의 순간에 구체적인 장면이 개입한다. 성을 안 내해주는 소녀가 있고, 그 소녀의 또 하나의 공포가 있다. 이 공포는 "수억만의 남자들이/둘러싸고 한꺼번에 내려다보는 듯"한 두려움의 감각이다. 이 공포는 소녀에 대한 수억만 남자들의 시선의 무게와 같다. 그 시선은 여성성, 혹은 소녀성에 대한 남근주의적인 시선의 압제를 의미할 수도 있다. 지배적인 상징질서 속에서 세상의 모든 풍경은 남성 주체의 시선이 포착한 것이다. 하지만 중요한 것은 다시, 그 시선의 발견, 그 공포의 발견이다. 그 발견은 여성 정체성에 대한 불안과 부자유의 발견이기도 하다. 그 공포와 불안은 '질겁하고' '소리치는' 행위를 통해 표현된다. '나'의 발견은, '나'를 둘러싼 시선의 발견, 그 발견에 대한 비명의 시작을 의미한다. 나와 소녀는

"갑자기 통해서" 그 비명을 공유한다. 나와 소녀는 풍경의 시선을 의식함으로써, 공포의 감각으로 연대한다. "풍경의 화살"을 날카롭게 느끼고 "거짓말인 풍경" 속에서 비명을 지르는 몸-나. 나는 그 시선들을 통해서 '나'이며, 그 시선의 공포를 감각함으로써 비명을 지르는 '나'가 될 수 있다.

> 내가 정말 죽이긴 죽였나
> 꿈속처럼 방이 멀다
> 그 방엔 불에 타다만 사람의 심장을 쪼아대던
> 피 묻은 부리 하나
> 검은 웅덩이에 잠긴 발을
> 더러운 깃털로 닦을 때
> 그 사람의 두 다리는 이미 싸늘했지
> 나는 왜 방에다 불을 지르고 소리소리 지르다
> 그 사람의 몸에 물을 끼얹었을까
> 하루 종일 문 앞을 떠나지 않는
> 주인 기다리는 강아지같이 빤히 열린 그 눈알
> 그것을 닫고 오기는 했나?
> 두렵다
> 그럼에도 지금 이 자리
> 웃고 떠드는 나를 견딜 수 없다
> 아무래도 불꽃 머리칼 다시 길러야겠다

아무래도 나는 나를 다시 죽이러 가야겠다
—「lady phantom」 부분

  상황은 이렇다. "방에 시체가 있다/내가 누군가를 죽였다/시체를 두고 나 여기 술 마시러 왔다." 그렇다면 두 가지 궁금증이 따라온다. 내가 죽인 것은 누구인가? 혹은 내가 누군가를 죽였다는 것은 현실인가? 시의 화자는 사람들과 함께 술집에 앉아 있으면서도 방에 두고 온 시체 생각을 한다. 불안과 죄의식을 떨쳐버릴 수 없는 것은 당연하고, 나는 그들과 온전하게 어울리지 못하고 지어낸 얘기와 농담으로 위장한다. "술집 어딘가 흰염소 눈알 같은/반질거리는 외눈박이 웅덩이가" 있다는 것은, 나의 죄의식을 들여다보는 시선의 존재감을 말해줄 것이다.

  그런데 내가 죽인 것은 "숨겨 놓은 몸," 시의 마지막 부분에 이르면, 그건 '나' 자신이다. 내가 나를 죽이는 장면은 엽기적이다. "방에다 불을 지르고 소리소리 지르다/그 사람의 몸에 물을 끼얹었"다. 이 행위는 상징제의적이다. 몸에 대한 훼손과 몸에 다시 물을 끼얹는 행위는 자기 육체에 대한 혐오와 죽임과 정화의 과정이다. 육체에 대한 혐오와 훼손은, 여성적인 육체에 덧씌워진 상징질서의 근원적인 죄의식에 연루되어 있다. 자기 신체의 상징적 훼손은 자기 몸에 달라붙은 죄의식을 벗기는 작업이며, 이 세계의 부정성과 싸우는 방법이기도 하다. 이 시체는 그런데 '빤히 열린 눈알'을 달고 있다. 그 눈은 여전히 떠져 있는 것인가? 나의 두려움의 근원은 무엇일까? 그러면 다른 의문 하나. 이 시의 제목으로 유추해서, 방에 남겨진 시체로서의 내가 있다면, 술집에 나와 있는 나는 어쩌면 유령인가? 나를 죽이는 나, 나를 두고 돌아다니는 또 다른 나, 자기 죽음을 사는 나, 나를 둘러싼 시선의 감옥에서 도망치려는 나, 나로부터 영원히 탈출하려는 나, 나, 나.

그녀

그녀들은 나의 분신일까? 혹은 타자로서의 나일까? 혹은 여성적인 존재의 상징일까? 김혜순의 삼인칭은 숨은 일인칭을 간직한 삼인칭, 혹은 삼인칭화된 일인칭, 혹은 삼인칭과 일인칭의 연대성을 보여주는 삼인칭, 그녀들이다. 모래로부터 발굴된 여자가 있다.

    사람들이 와서 여자를 데려갔다
    옷을 벗기고 소금물에 담그고 가랑이를 벌리고
    머리털을 자르고 가슴을 열었다고 했다

    그가 전장에서 죽고

나라마저 멀리멀리 떠나버렸다고 했건만
　　여자는 목숨을 삼킨 채
　　세상에다 제 숨을 풀어놓진 않았다
　　몸속으로 칼날이 들락거려도 감은 눈 뜨지 않았다

　　사람들은 여자를 다시 꿰매 유리관 속에 뉘었다
　　기다리는 그는 오지 않고 사방에서 손가락들이 몰려왔다
　　　　　　　　　　　　　　　　——「모래 여자」부분

　이 여자는 오랜 시간 속에서 발굴된 유물이다. 여자의 몸 자체가 유물이 된다는 것은 복합적이다. 이 여자 몸—미라에 하나의 개인 서사가 덧붙여진다. 이 서사는 남자를 영원히 기다리는 여자라는 전형적인 여성 이미지를 만들어낸다. 사람들은 이 여자의 신화를 보존하기 위해 그녀의 몸을 열어 미라로 만든다. 사람들이 그녀의 몸을 미라로 만들기 위해 가한 신체적 훼손은, 여성 육체에 가해지는 상징적인 폭력이다. 사람들은 그녀를 다시 유리관 속에 뉘고, "사방에서 손가락들이 몰려"온다. 그녀의 육체는 이런 방식으로 훼손, 보존, 전시 된다. 그녀의 '산/죽은' 몸은 이렇게 다시 시선의 대상이 된다.
　죽음을 넘어 남자를 기다리는 여자라는 신화는 그 자체로는 남성중심적인 상징질서의 바깥에 있지 않다. 하지만 이 시는 그 신화를 지독하고 끔찍한 사랑의 사건으로 만들어, 상징질서가 덧칠한 환상을 벗겨낸다. 그녀의 육체에 가해지는 훼손, 그 훼손의 너머, 죽음의 너머에서 그녀가 떠는 눈, '눈꺼풀 속의 사막의 밤하늘'은 그 길고 긴 폭력을 벗기는 과정이다. 그런데 마지막 두 연에서의 인칭은 모호하다. 삼인칭 그녀를 중심으로 전개되는 화법에서 갑자기 숨은 일인칭이 등장한다. "모래 속에 숨은 여자를 끌어 올려/종이 위에 부려놓은 두 손을 날마다/물끄러미 내려다보"는 자는 누구인가? "꿈마다 여자가 따라"온다면, 그 꿈은 누구의 꿈인가? 앞의 「풍경의 눈빛」에서 소녀의 비명과 나의 비명이 연대를 이룬 것처럼, 모래 여자의 '꿈/악몽'은 '숨은 나'의 꿈속에서 다시 되살아난다. 길고 긴 기다림과 시선의 폭력을 넘어 다른 시간 속에서, 죽지 않고, '번쩍' 눈 뜨는 그녀.

하나님은 얼마나 무서웠을까
하나님이 키운 그 나무 그 열매 다 따 먹은
저 여자가 두 다리 사이에서
붉은 몸뚱이 하나씩
잘라내게 되었을 때

아침마다 벌어지는 저 하늘 저 상처
저 구름의 뚱뚱한 붉은 두 다리 사이에서
빨간 머리 하나가 오려지고 있을 때

(저 피가 내 안에 사는지)
　　(내가 저 피 속에 사는지)

　　저만치 앞서 걸어가는 저 여자
　　뜨거운 몸으로 서늘한 그림자 찢으며
　　걸어가는 저 여자

　　저 여자의 몸속 눈창고처럼 하얀 거울 속에는
　　끈적끈적하고 느리게 찰싹거리는 붉은 피의 파도
　　물고기를 가득 담은 아침바다처럼
　　새 아가들 가득 헤엄치네
　　　　　　　　　　　　　　—「붉은 가위 여자」 부분

　한 여자가 산부인과에서 걸어 나오고, 그 여자 곁에 늙은 여자가 새 아기를 안고 있다. 아마도 여자는 아이를 낳았을 것이고, 여자의 엄마인 늙은 여자가 그 아기를 안고 가고 있을 것이다. 아이를 낳은 여자의 걸음걸이는 "뒤뚱뒤뚱" 온전하지 않았고, 그 걸음걸이의 불완전함은 '가위'가 "눈길을 쓱 쓱 자르며 잘도 걸어가네"와 같은 표현을 만난다. 이 시의 상상적 절묘함은 아이를 낳는 모성의 다리를 '가위'로 이름 붙임으로써, 출산의 행위를 '무엇을 오려내는' 행위로 묘사한다는 점이다. "비린내 나는 노을

이 쏟아져 내리는 두 다리 사이에서" 그녀는 무언가를 오려내었다. 이 오려냄의 행위는 신화 속에서 하나님의 열매를 다 따 먹은 불경스러운 여자가 "두 다리 사이에서/붉은 몸뚱이 하나씩/잘라내는"것이며, 그 불경은 하나님의 질서에서는 일종의 도발이며 공포이다. 이 잘라냄의 행위는 생명과 죽음을 동시에 나타낸다. 가위는 두 개의 날이 하나를 이룬다는 의미에서의 통합의 이미지를 가지겠지만, 무언가를 자르는 의미에서의 절단과 결별을 실행한다. 출산 행위란 '탯줄을 자른다'라는 맥락에서 '절단'의 행위이고, 이 절단은 여자의 실존적 행로 앞에 놓여진 온갖 장애와 자기의 그림자를 잘라내면서 헤쳐나가는 고투의 이미지이다.

가위의 여자는 붉은색의 이미지들로 칠갑하고 있다. "비린내 나는 노을" "붉은 몸뚱이" "뚱뚱한 붉은 두 다리" "빨간 머리" "저 피" "붉은 피의 파도." 그녀의 다리-가위는 붉고, 그 다리 사이에서 태어나는 것 역시 붉은 머리이고, 여자의 몸속에서도 붉은 피의 파도가 친다. 앞선 시집 『한 잔의 붉은 거울』에서 전면화된 이 붉은 이미지의 소용돌이는 자기 몸의 치욕을 씻어내는, 거침없이 들끓는 에너지이다. '붉은 가위 여자'는 그 붉은 피 속에서 살거나, 그 피를 안에 품고 있거나…… 이 붉은 에너지의 안과 밖은 경계가 없다. 여자의 몸속에서는 여전히 "새 아가들 가득 헤엄치"고, 여자는 또 붉은 머리를 그 속에서 꺼내고 잘라내어, '출산-절단'으로서의 생산을 실행할 테니.

당신

이제, 당신이다. 당신은 누구인가? 일인칭 화자가 간절한 음색으로 호명하는 사람. 그러나 아직 이름을 갖지 못한 사람, 혹은 이름을 모르는 사람, 이름을 잊은 사람, 이름이 지워진 사람, 이름을 부를 수 없는 사람, 이름이 필요 없는 사람, 내가 꿈꾸는 사람, 여성인 '나'의 남성적 타자일 뿐만 아니라, '내'가 부르고 '내'가 듣는 몸, '나'를 말하게 하는 이름 없는 몸, '당/신.' '(당)신.'

나는 흘러가려고 태어난 몸
흘러가 당신 몸속의 물이 되려고 태어난 몸
지평선이 없어도 좋아 딛고 설 땅이 없어도 좋아
나는 오직 가기만 하면 돼
나는 당신 몸 깊은 곳에서 쉬지도 않고, 넘치지도 않고,
속삭이지도 않고
당신 눈동자 속의 물처럼 물끄러미 있으려고 태어난 몸

이 슬픈 노래는 어디서 흘러왔는가

내 썩는 몸 위로 왜 자꾸 오는가 어느 곳에 숨었다가
내 컵의 물을, 내 꽃병의 물을 울리는가
한강 둔치에 물 가득 차올라
도로 표지판 하나 보이지 않고
그 아래, 그 강바닥 깊은 이래
땅속 동굴을 흐르는 차가운 물소리
       ——「당신 눈동자 속의 물」 부분

음악이 말한다
나는 손이 없지 팔도 없지
당신 땀구멍까지 다 껴안아줄 수는 있어도
당신을 잡을 수는 없지

욕조에 담긴 물처럼
당신 때문에 내가 썩는다
오디오에 담긴 음악처럼
당신을 감돌고 나온 내가 죽는다

당신이 나를 다 잊어서 내가 죽는다

목까지 찬 냄새나는 물이 썩는다
      ——「미쳐서 썩지 않아」 부분

나는 당신에게 '물'이다. 물은 어디에나 있고 어디든 흘러들어가며, 흘러나온다. 물은 모든 타자들의 틈에 스며든다. 형태가 없고, 머물지 못한다. 문제는 물의 메타포가 아니라, 물의 존재 방식, 혹은 물의 언술 자체이다. 그런데 어떤 물은 고여 있거나 갇혀 있다. 갇힌, 그래서 썩어가는 물은 슬픈 노래를 그 안에 품고 웅웅거린다. 물은 "흘러가려고 태어난 몸"이기 때문에, "당신 몸속의 물이 되려고 태어난 몸"이기 때문에.

  물은 또한 "당신 몸을 속속들이/다 더듬"고, "당신 땀구멍까지 다 껴안아줄 수는 있어도/당신을 잡을 수는 없"다. 욕조에 담긴 물은 썩는다. "당신이 나를 다 잊어서 내가 죽는다." 이 썩음은 물의 죽음을 말하는 것일까? 당신에게 스며들 수 있는 물은 살아 있는 물이고, 당신을 소유할 수 없는 물은 흘러나가고 잊혀져야 한다. 썩은 물은 물의 존재 방식 자체에 이미 예비된 사건이다. "당신 눈동자 속의 물"은 "물끄러미" 속에서 살아 있고, 잊혀진 물은 그러나 '미쳐서 썩지 않는다.' 그래서 물은 결국 땅속을 흐르거나 '하수구'의 생을 산다. 검고 썩은 물은, 그 썩음의 방식으로 새로운 존재 이전을 꿈꾼다. 죽었으나 죽지 않고, 썩었으나 썩지 않는 물. 당신 몸에 스미는 내 몸, 내 몸의 꿈, 내 몸-꿈의 존재 방식.

  얼어붙은 하늘처럼 크게 뜬 당신의 눈을 내다보는 저녁

동네에 열병을 옮기는 귀신이 들어온다는 소문이 퍼지고
굴뚝마다 연기들이 우왕좌왕 몸을 떨었다

낭신은 내 몸에 없는 거야 내가 다 내쫓았거든

내 가슴에 눈사태가 나서 한 시간 이상 떨었다

기침나무들이 몸을 부르르 떨며 눈 뭉치를 떨구자
벌어진 계곡에서 날 선 얼음들이 튕겨져 나왔다

맨얼굴로 바람을 맞으며, 입술을 떨며
나는 얼어붙은 벤치에 앉아 있었다

당신이 들여다보는 여기에서 나가고 싶었다
—「감기」부분

당신이 나를 스쳐보던 그 시선
그 시선이 멈추었던 그 순간
거기 나 영원히 있고 싶어
물끄러미
물
꾸러미

당신 것인 줄 알았는데
알고 보니 내 것인
물 한 꾸러미
그 속에서 헤엄치고 싶어 ——「당신의 눈물」 부분

  내가 있다는 것은 무엇보다 당신 눈 속에, 혹은 당신의 시선 안에 있다는 것이다. 우선 첫번째 시선. 당신의 눈은 "얼어붙은 하늘처럼 크게 뜬" 눈이다. 당신의 크게 뜬 눈을 지금 내가 본다. 당신이 나를 내려다보는 큰 눈이라면, 나는 당신의 눈을 응시하는 또 하나의 눈이다. 당신의 큰 눈 아래 동네와 사물들은 불안과 공포에 떨지만, "얼어붙은 벤치에 앉아" 당신의 눈을 응시하는 나는, "당신이 들여다보는 여기에서 나가고 싶었다." 이 시의 제목은 「감기」이고, 이 질병은 내가 처한 실존적 상황이다. 당신의 큰 눈이 들여다보는 이 세계에서 나는 앓는다. 그 시선에서 나가고 싶어서?

  두번째의 시선이 있다. "당신이 나를 스쳐보던 그 시선/그 시선이 멈추었던 순간"이 있다. 이 시선은 당신의 큰 시선과 대비된다. 나를 내려다보는 시선이 아니라, "스쳐보던 시선"이기 때문에, 이 시선 안에서 나는 머물고 싶다. 이 시선의 성격을 드러내는 "물끄러미"는 다시 "물/꾸러미"로 변주된다. 이 시선은 물끄러미 보는 물의 시선, 당신의 시선이면서 나의 시선이다. 이 시선은 실은 '당신의 눈물'로부터 시작되었다고 추측할 수 있다. 당신의 눈물 안의 물의 시선은 타자에 대한 지배적인 시선이 아니라, 물끄러미 스쳐보는 시선. 이 시선 속에서 나와 당신의 시선의 위계는 없다. 나는 당신의 눈물을 통해, 그 눈물 속에서 당신-나를 본다.

> 누가 쪼개놓았나
> 윗눈꺼풀과 아랫눈꺼풀 사이
> 바깥의 광활과 안의 광활로 내 몸이 갈라진 흔적
> 그 사이에서 눈물이 솟구치는 저녁
>
> 상처만이 상처와 서로 스밀 수 있는가
> 두 눈을 뜨자 닥쳐오는 저 노을
> 상처와 상처가 맞닿아
> 하염없이 붉은 물이 흐르고
> 당신이란 이름의 비상구도 깜깜하게 닫히네
>
> 누가 쪼개놓았나
> 흰낮과 검은밤
> 낮이면 그녀는 매가 되고
> 밤이 오면 그가 늑대가 되는
> 그 사이로 칼날처럼 스쳐 지나는
> 우리 만남의 저녁 ——「지평선」부분

이제 당신의 지평선에 도착했다. 지평선은 "하늘과 땅이 갈라진 흔적." 그 흔적 "사이로 핏물이 번져 나오는 저녁"에 나는 있다. 갈라진 흔적으로서의 지평선은 세상의 갈라진 틈이면서, 내 몸이 갈라진 흔적이다. 지평선의 갈라짐을 통해 나와 세상은 서로의 몸이다. 그곳은 상처와 상처가 맞닿아 서로에게 스민 흔적. 그래서 지평선은 시간적으로 저녁에 처해 있다. 하늘과 땅의 경계로서의 지평선은 낮과 밤의 경계로서의 저녁 시간대로, 그렇게 시간화된다. 그 갈라진 공간-시간 사이로 그녀와 그가, 매와 늑대가, 당신과 내가 있다. 매와 늑대는 다른 시간에 거주하고, 그래서 "칼날처럼 스쳐 지나는/우리 만남의 저녁"에서만 조우한다.

나와 당신에게 지평선이란 무엇인가? 나와 당신을 갈라놓는 공간-시간의 경계, 그 경계에서 서로에게 스미는 상처의 자리? 차라리 이렇게 말하자. 지평선은 갈라짐의 경계선이지만, 동시에 날카로운 만남의 경계선이다. 당신과 내가 갈라진 그 자리가, 당신과 내가 만나는 칼날 같은 자리이다.「붉은 가위의 여자」의 가위처럼, 지평선은 두 몸을 쪼개고, 두 몸을 붉은 물속에 맞닿게 한다. 이 결별과 조우의 사건이 하나의 경계에서 벌어지고, 그 공간-시간 속에서 결별은 다시 피 흘리는 조우이다. 그 갈라진 흔적이야말로 상처받은 몸, 생성하는 몸, 사랑하는 몸의 조건이다. 이 시가 이 시집의 '첫 시'인 것은 그래서, 의미심장할 것이다. 첫 시는 그렇게 갈라진 몸의 틈에서 터져 나오는 붉은 노래의 시작을 알린다.

첫, 시

지금 당신이 나에게 작별의 편지를 쓰고 있으므로, 당신의 첫은 살며시 웃고 있을까? 사진 속에서 더 열심히 당신을 생각하고 있을까? 엄마 뱃속에 몸을 웅크리고 매달려 가던 당신의 무서운 첫 고독이여. 그 고독을 나누어 먹던 첫 사랑이여. 세상의 모든 첫 가슴엔 칼이 들어 있다. 첫처럼 매정한 것이 또 있을까. 첫은 항상 잘라버린다. 첫은 항상 죽는다. 첫이라고 부르는 순간 죽는다. 첫이 끊고 달아난 당신의 입술 한 점. 첫. 첫. 첫. 첫. 자판의 레일 위를 몸도 없이 혼자 달려가는 당신의 손목 두 개, 당신의 첫과 당신. 뿌연 달밤에 모가지가 두 개인 개 한 마리가 울부짖으며, 달려가며 찾고 있는 것. 잊어버린 줄도 모르면서 잊어버린 것. 죽었다. 당신의 첫은 죽었다. 당신의 관자놀이에 아직도 파닥이는 첫.

당신의 첫, 나의 첫, 영원히 만날 수 없는 첫.
오늘 밤 처음 만난 것처럼 당신에게 다가가서

나는 첫을 잃었어요 당신도 그런가요 그럼 손 잡고 뽀뽀라도?
그렇게 말할까요?

그리고 그때 당신의 첫은 끝, 꽃, 꺼억.
죽었다. 주 굿 다. 주깃다.
그렇게 말해줄까요?   ─「첫」 부분

시는 당신에 대한 나의 질투로부터 시작된다. "내가 세상에서 가장 질투하는 것, 당신의 첫"이다. 첫번째 의문. 왜 '처음'이 아니라 '첫'이라는 불완전한 단어일까? 명사인 '처음'과는 달리 관형사인 '첫'은 그 자체로는 불안정한 말이다. '첫'은 무언가의 앞에 붙어서야 그것의 처음으로서의 성격을 만들어주는 관형사이다. '첫'은 그러니까 모든 명사 앞에 붙어서, 그 명사들을 처음의 자리로 되돌려놓는다. 그래서 '첫'을 명사처럼 사용한다면, 주체화할 수 없는 것을 주체화하는 것이다. 차라리, 그 '첫'은 일종의 동사이다. '첫'은 죽은 명사들을 처음의 상태로 활성화하는 에너지 자체이다. 그래서 '첫'은 실체를 알 수 없고, 붙잡을 수 없고, 소유할 수 없다. 그래서 '첫'은 지독한 질투의 대상이다.

'첫'은 과거와 기원을 호출하는 관형사이지만, '첫' 자체의 운동 방식은 언제나 절단과 결별의 그것이다. "첫은 항

상 잘라버린다. 첫은 항상 죽는다. 첫이라고 부르는 순간 죽는다." '첫'은 절단하고 결별하고 자신을 죽여서 '첫'이 된다. 그러나 '첫'의 이름 안에는 '첫'이 살고 있지 않다. '첫'은 언제나 '첫'의 자리로부터 도주한다. 그래서 "당신의 첫, 나의 첫, 영원히 만날 수 없는 첫"이다. 만날 수 없는 당신의 '첫'은 '끝'이다. "첫, 첫, 첫, 첫" 하고 발음하다 보면, 그것은 일종의 의성어가 된다. 실체 없는 동사적 움직임으로서의 '첫'은 내용 없는 시니피앙의 무중력 놀이가 되어버린다. "죽었다. 주 굿 다. 주깃다"의 놀이처럼. '첫, 첫, 첫'의 무한놀이는 '끝, 꽃, 꺼억'의 무한놀이와 뒤섞인다.

  이 시는 '당신의 첫'에 관한 질투의 시이면서, 하나의 '시론'으로 읽을 수 있다. 다른 방식으로 말한다면, 김혜순의 모든 시들은 일종의 시론이거나 '메타시'이다. 이미 박제된 명사로서의 시에 대해 다른 차원의 활력을 불어넣는, 시에 대한 '첫 시,' 시에 대한 '끝 시'로서의 메타시 말이다. 이제 김혜순의 이번 시집이 첫 시집이라는 처음의 논리로 돌아갈 수 있다. 김혜순의 낱낱의 시들은? 그 시들 역시 '첫 시'일 것이다. 그것은 그 낱낱의 시들이 이룩하는 결별과 신생의 이행만을 의미하는 것이 아니다. 제도와 문법의 두께를 다시 꿰뚫고, 피 흘리는 붉은 몸의 소리를 다시 호출하는 '첫 시'들. 지배적 상징질서들이 만들어놓은 시적인 것들과 결별하고 게워내고 그것들을 다시 오려서 낳는 '첫'의 혁명. "이름 붙인 자의 이름은 여전히 더"러우니, "말을 배우기 이전의 내 혀"(「화장실」)이거나, "내 몸속에 한 뭉치 비명"(「비명생명」)이거나. 나의 첫 비명, 그녀의 첫 가위질, 당신의 첫 시선, 현전(現前)으로서의 첫 시, '첫, 첫, 첫, 첫……'